11,99 €

**INCLUS** une planche de **stickers** et **50 recettes**

# Agenda

## S'organiser en famille à la maison

SEPTEMBRE 2021 À DÉCEMBRE 2022

- >Les horaires d'école
- >Les rendez-vous
- >Les fêtes & anniversaires
- >Les sorties & activités
- >Les vacances

W0252819

Hugo Image

34-36, rue La Pérouse, 75116 Paris
www.hugoetcie.fr

Ouvrage dirigé par Isabelle Antoni



Dépôt légal : juin 2021
ISBN : 9782755687767
Imprimé en Chine

# Année 2021

Pour la Corse, les départements d'outre-mer et les collectivités d'outre-mer, les recteurs, vice-recteurs et chefs de services de l'Éducation nationale ont compétence pour adapter le calendrier national en fixant par voie d'arrêté, pour une période de trois années, des calendriers scolaires tenant compte des caractères particuliers de chacune des régions concernées.

| | Janvier | Février | Mars | Avril | Mai | Juin | Juillet | Août | Septembre | Octobre | Novembre | Décembre |
|---|---|---|---|---|---|---|---|---|---|---|---|---|
| 1 | V (1) | L (6) | L (10) | J | S | M (23) | J | D | M | V | L (45) | M |
| 2 | S | M | M | V | D | M | V | L (32) | J | S | M | J |
| 3 | D | M | M | S | L (19) | J | S | M | V | D | M | V |
| 4 | L (2) | J | J | D | M | V | D | M | S | L (41) | J | S |
| 5 | M | V | V | L (15) | M | S | L (28) | J | D | M | V | D |
| 6 | M | S | S | M | J | D | M | V | L (37) | M | S | L (50) |
| 7 | J | D | D | M | V | L (24) | M | S | M | J | D | M |
| 8 | V | L (7) | L (11) | J | S | M | J | D | M | V | L (46) | M |
| 9 | S | M | M | V | D | M | V | L (33) | J | S | M | J |
| 10 | D | M | M | S | L (20) | J | S | M | V | D | M | V |
| 11 | L (3) | J | J | D | M | V | D | M | S | L (42) | J | S |
| 12 | M | V | V | L (16) | M | S | L (29) | J | D | M | V | D |
| 13 | M | S | S | M | J | D | M | V | L (38) | M | S | L (51) |
| 14 | J | D | D | M | V | L (25) | M | S | M | J | D | M |
| 15 | V | L (8) | L (12) | J | S | M | J | D | M | V | L (47) | M |
| 16 | S | M | M | V | D | M | V | L (34) | J | S | M | J |
| 17 | D | M | M | S | L (21) | J | S | M | V | D | M | V |
| 18 | L (4) | J | J | D | M | V | D | M | S | L (43) | J | S |
| 19 | M | V | V | L (17) | M | S | L (30) | J | D | M | V | D |
| 20 | M | S | S | M | J | D | M | V | L (39) | M | S | L (52) |
| 21 | J | D | D | M | V | L (26) | M | S | M | J | D | M |
| 22 | V | L (9) | L (13) | J | S | M | J | D | M | V | L (48) | M |
| 23 | S | M | M | V | D | M | V | L (35) | J | S | M | J |
| 24 | D | M | M | S | L (22) | J | S | M | V | D | M | V |
| 25 | L (5) | J | J | D | M | V | D | M | S | L (44) | J | S |
| 26 | M | V | V | L (18) | M | S | L (31) | J | D | M | V | D |
| 27 | M | S | S | M | J | D | M | V | L (40) | M | S | L (1) |
| 28 | J | D | D | M | V | L (27) | M | S | M | J | D | M |
| 29 | V | | L (14) | J | S | M | J | D | M | V | L (49) | M |
| 30 | S | | M | V | D | M | V | L (36) | J | S | M | J |
| 31 | D | | M | | L | | S | M | | D | | V |

**Zone A**
Académies :
Besançon, Bordeaux, Clermont-Ferrand, Dijon, Grenoble, Limoges, Lyon, Poitiers

**Zone B**
Académies :
Aix-Marseille, Amiens, Caen, Lille, Nancy-Metz, Nantes, Nice, Orléans-Tours, Reims, Rennes, Rouen, Strasbourg

**Zone C**
Académies :
Créteil, Montpellier, Paris, Toulouse, Versailles

# Année 2022

| | Janvier | Février | Mars | Avril | Mai | Juin | Juillet | Août | Septembre | Octobre | Novembre | Décembre |
|---|---|---|---|---|---|---|---|---|---|---|---|---|
| 1 | S 1 | M 6 | M 10 | V | D | M 23 | V | L 32 | J | S | M 45 | J |
| 2 | D | M | M | S | L | J | S | M | V | D | M | V |
| 3 | L 2 | J | J | D | M 19 | V | D | M | S | L 41 | J | S |
| 4 | M | V | V | L 15 | M | S | L 28 | J | D | M | V | D |
| 5 | M | S | S | M | J | D | M | V | L 37 | M | S | L 50 |
| 6 | J | D | D | M | V | L 24 | M | S | M | J | D | M |
| 7 | V | L 7 | L 11 | J | S | M | J | D | M | V | L 46 | M |
| 8 | S | M | M | V | D | M | V | L 33 | J | S | M | J |
| 9 | D | M | M | S | L | J | S | M | V | D | M | V |
| 10 | L 3 | J | J | D | M 20 | V | D | M | S | L 42 | J | S |
| 11 | M | V | V | L 16 | M | S | L 29 | J | D | M | V | D |
| 12 | M | S | S | M | J | D | M | V | L 38 | M | S | L 51 |
| 13 | J | D | D | M | V | L 25 | M | S | M | J | D | M |
| 14 | V | L 8 | L 12 | J | S | M | J | D | M | V | L 47 | M |
| 15 | S | M | M | V | D | M | V | L 34 | J | S | M | J |
| 16 | D | M | M | S | L | J | S | M | V | D | M | V |
| 17 | L 4 | J | J | D | M 21 | V | D | M | S | L 43 | J | S |
| 18 | M | V | V | L 17 | M | S | L 30 | J | D | M | V | D |
| 19 | M | S | S | M | J | D | M | V | L 39 | M | S | L 52 |
| 20 | J | D | D | M | V | L 26 | M | S | M | J | D | M |
| 21 | V | L 9 | L 13 | J | S | M | J | D | M | V | L 48 | M |
| 22 | S | M | M | V | D | M | V | L 35 | J | S | M | J |
| 23 | D | M | M | S | L | J | S | M | V | D | M | V |
| 24 | L 5 | J | J | D | M 22 | V | D | M | S | L 44 | J | S |
| 25 | M | V | V | L 18 | M | S | L 31 | J | D | M | V | D |
| 26 | M | S | S | M | J | D | M | V | L 40 | M | S | L 1 |
| 27 | J | D | D | M | V | L 27 | M | S | M | J | D | M |
| 28 | V | L | L 14 | J | S | M | J | D | M | V | L 49 | M |
| 29 | S | | M | V | D | M | V | L 36 | J | S | M | J |
| 30 | D | | M | S | L | J | S | M | V | D | M | V |
| 31 | L | | J | | M | | D | M | | L | | S |

Légende des vacances scolaires dans votre agenda

Début des vacances

Fin des vacances

Les lettres correspondent aux zones académiques (voir page précédente).

**Important**

Tableau valable sous réserve des modifications apportées par le ministère de l'Éducation nationale. Pour les vacances scolaires 2020-2021 ou pour plus de précisions, consulter le site : www.education.gouv.fr

Infos personnelles

## Carte d'identité

Nom :

Adresse :

Téléphone :

Mail :

## IMPORTANT !

## Les membres de la famille

| Prénom | Anniversaire |
| --- | --- |
| | |
| | |
| | |
| | |
| | |
| | |
| | |

## À contacter en cas d'urgence

## Les numéros importants

| Famille | Écoles / Activités | Santé | Divers |
| --- | --- | --- | --- |
| | | | |
| | | | |
| | | | |
| | | | |

| | lundi | | | mardi | | | mercredi | | |
|---|---|---|---|---|---|---|---|---|---|
| | | | | | | | | | |
| 8h | | | | | | | | | |
| 9h | | | | | | | | | |
| 10h | | | | | | | | | |
| 11h | | | | | | | | | |
| 12h | | | | | | | | | |
| 13h | | | | | | | | | |
| 14h | | | | | | | | | |
| 15h | | | | | | | | | |
| 16h | | | | | | | | | |
| 17h | | | | | | | | | |
| 18h | | | | | | | | | |
| 19h | | | | | | | | | |
| 20h | | | | | | | | | |

| | jeudi | | | vendredi | | |
|---|---|---|---|---|---|---|
| 8 h | | | | | | |
| 9 h | | | | | | |
| 10 h | | | | | | |
| 11 h | | | | | | |
| 12 h | | | | | | |
| 13 h | | | | | | |
| 14 h | | | | | | |
| 15 h | | | | | | |
| 16 h | | | | | | |
| 17 h | | | | | | |
| 18 h | | | | | | |
| 19 h | | | | | | |
| 20 h | | | | | | |

| | samedi | | |
|---|---|---|---|
| 9 h | | | |
| 10 h | | | |
| 11 h | | | |
| 12 h | | | |
| 13 h | | | |
| 14 h | | | |
| 15 h | | | |
| 16 h | | | |
| 17 h | | | |
| 18 h | | | |
| 19 h | | | |
| 20 h | | | |
| 21 h | | | |

| | dimanche | | |
|---|---|---|---|
| 9 h | | | |
| 10 h | | | |
| 11 h | | | |
| 12 h | | | |
| 13 h | | | |
| 14 h | | | |
| 15 h | | | |
| 16 h | | | |
| 17 h | | | |
| 18 h | | | |
| 19 h | | | |
| 20 h | | | |
| 21 h | | | |

## Qui fait quoi ?

| | Prénom |
|---|---|
| Mettre la table | |
| Sortir les poubelles | |
| Passer l'aspirateur | |
| Faire la vaisselle | |
| ------------------------ | |
| ------------------------ | |
| ------------------------ | |
| ------------------------ | |
| ------------------------ | |

## To do list

- [ ] 
- [ ] 
- [ ] 
- [ ] 
- [ ] 
- [ ] 
- [ ] 
- [ ] 
- [ ] 
- [ ] 
- [ ] 

## AOÛT

| L | M | M | J | V | S | D |
|---|---|---|---|---|---|---|
| | | | | | | 1 |
| 2 | 3 | 4 | 5 | 6 | 7 | 8 |
| 9 | 10 | 11 | 12 | 13 | 14 | 15 |
| 16 | 17 | 18 | 19 | 20 | 21 | 22 |
| 23 | 24 | 25 | 26 | 27 | 28 | 29 |
| 30 | 31 | | | | | |

## fêtes & anniversaires

## Cette semaine

Inscriptions aux activités extrascolaires

## Pancakes d'avoine aux pommes

Mon marché

- 150 g de farine
- 20 g de sucre
- 80 g de flocons d'avoine
- sachet de levure
- 25 g de beurre
- 2 gros œufs
- 50 cl de lait (ou lait d'avoine)
- 1 pincée de sel
- 2 pommes
- 30 g de beurre
- 2 c. à s. de miel

### La recette :

- Dans un saladier, mélangez la farine, le sucre, les flocons d'avoine et la levure.
- Ajoutez les œufs, puis le beurre, puis le lait. Ajoutez la pincée de sel.
- Laissez reposer la pâte à température ambiante 1 heure.
- Coupez les pommes en petits dés, faites-les dorer dans le beurre 5 min avec le miel. Ajoutez-les à la préparation.
- Dans une poêle spéciale à crêpe, déposez une cuillerée de beurre, étalez-le bien, puis déposez une petite louche de pâte, laissez cuire 3 ou 4 min de chaque côté.

| lundi | mardi | mercredi | jeudi | vendredi | samedi |
| --- | --- | --- | --- | --- | --- |
| 23 | 24 | 25 | 26 | 27 | 28 |
| S[t] Barthélémy | S[t] Louis | S[te] Natacha | S[te] Monique | S[t] Augustin | S[te] Sabine |

dimanche

29

S[t] Fiacre

AOÛT

SEMAINE 35

## Qui fait quoi ?

| | Prénom |
|---|---|
| Mettre la table | |
| Sortir les poubelles | |
| Passer l'aspirateur | |
| Faire la vaisselle | |
| | |
| | |
| | |
| | |
| | |

## To do list

- [ ]
- [ ]
- [ ]
- [ ]
- [ ]
- [ ]
- [ ]
- [ ]
- [ ]
- [ ]
- [ ]

## SEPTEMBRE

| L | M | M | J | V | S | D |
|---|---|---|---|---|---|---|
| | | 1 | 2 | 3 | 4 | 5 |
| 6 | 7 | 8 | 9 | 10 | 11 | 12 |
| 13 | 14 | 15 | 16 | 17 | 18 | 19 |
| 20 | 21 | 22 | 23 | 24 | 25 | 26 |
| 27 | 28 | 29 | 30 | | | |

## fêtes & anniversaires

## Cette semaine

## Salade de quinoa aux légumes et mozzarella

**Mon marché**

- 150 g de quinoa
- 4 carottes
- 2 petites courgettes
- 100 g de roquette
- 250 g de mozzarella di buffala
- 1 citron bio
- 1 gousse d'ail
- 1 oignon doux
- 4 c. à s. de sauce soja
- 9 c. à s. d'huile d'olive
- ½ bouquet de menthe
- sel, poivre

### La recette :

- Placez le quinoa dans une casserole avec deux fois son volume d'eau bouillante salée. Couvrez et faites cuire sur feu moyen 10 min sans mélanger. Égouttez et laissez tiédir.
- Préchauffez le four à 180°C (th. 6) et sortez la grille.
- Pelez les carottes et coupez-les en bâtonnets.
- Faites de même pour les courgettes sans les peler.
- Pelez 1 gousse d'ail et hachez-la finement. Pelez et hachez l'oignon.
- Sur la grille du four, dépliez une feuille de papier cuisson, placez-y les légumes et l'ail et l'oignon. Salez et poivrez, arrosez d'un filet d'huile d'olive. Enfournez 15 min.
- Râpez finement le zeste du citron, puis pressez le citron. Mélangez la sauce soja, le jus et le zeste du citron et l'huile d'olive. Salez modérément et poivrez.
- Rincez et essorez la roquette. Rincez, séchez et ciselez la menthe.
- Coupez la mozzarella en morceaux.
- Mélangez le quinoa égoutté, les légumes, la menthe. Arrosez de sauce, puis ajoutez la mozzarella et la roquette. Servez.

| lundi | mardi | mercredi | jeudi | vendredi | samedi |
|---|---|---|---|---|---|
| 30 | 31 | 1er | 2 | 3 | 4 |
| St Fiacre | St Aristide | St Gilles | Ste Ingrid | St Grégoire | Ste Rosalie |
| | | | C'est la rentrée ! | | |

| dimanche |
|---|
| 5 |
| Ste Raïssa |

SEPT

SEMAINE 36

## Qui fait quoi ?

| | Prénom |
|---|---|
| Mettre la table | |
| Sortir les poubelles | |
| Passer l'aspirateur | |
| Faire la vaisselle | |
| ------------------------ | |
| ------------------------ | |
| ------------------------ | |
| ------------------------ | |
| ------------------------ | |

## To do list

- [ ] 
- [ ] 
- [ ] 
- [ ] 
- [ ] 
- [ ] 
- [ ] 
- [ ] 
- [ ] 
- [ ] 
- [ ] 

## SEPTEMBRE

| L | M | M | J | V | S | D |
|---|---|---|---|---|---|---|
| | | 1 | 2 | 3 | 4 | 5 |
| 6 | 7 | 8 | 9 | 10 | 11 | 12 |
| 13 | 14 | 15 | 16 | 17 | 18 | 19 |
| 20 | 21 | 22 | 23 | 24 | 25 | 26 |
| 27 | 28 | 29 | 30 | | | |

## fêtes & anniversaires

## Cette semaine

## Soupe aux fanes de radis

**Mon marché**

- 1 botte de radis
- 4 pommes de terre
- 1 tablette de bouillon
- 1 oignon
- 30 g de beurre
- 4 c. à s. de crème fraîche
- sel, poivre

### La recette :

- Épluchez les pommes de terre et coupez-les en rondelles.
- Lavez les fanes de radis.
- Pelez et émincez l'oignon.
- Dans une cocotte, faites fondre le beurre. Faites-y revenir l'oignon en couvrant pour ne pas le colorer.
- Ajoutez les pommes de terre et les fanes de radis. Faites revenir 5 min.
- Ajoutez le bouillon et laissez cuire 20 min à couvert.
- Au dernier moment, ajoutez la crème et mixez l'ensemble.

| lundi | mardi | mercredi | jeudi | vendredi | samedi |
| --- | --- | --- | --- | --- | --- |
| 6 | 7 | 8 | 9 | 10 | 11 |
| St Bertrand | Ste Reine | St Adrien | St Alain | Ste Inès | St Adelphe |

dimanche

12

St Apollinaire

## Qui fait quoi ?

| | Prénom |
|---|---|
| Mettre la table | |
| Sortir les poubelles | |
| Passer l'aspirateur | |
| Faire la vaisselle | |
| ------------------------ | |
| ------------------------ | |
| ------------------------ | |
| ------------------------ | |
| ------------------------ | |

## To do list

- [ ] 
- [ ] 
- [ ] 
- [ ] 
- [ ] 
- [ ] 
- [ ] 
- [ ] 
- [ ] 
- [ ] 
- [ ] 

## SEPTEMBRE

| L | M | M | J | V | S | D |
|---|---|---|---|---|---|---|
| | | 1 | 2 | 3 | 4 | 5 |
| 6 | 7 | 8 | 9 | 10 | 11 | 12 |
| 13 | 14 | 15 | 16 | 17 | 18 | 19 |
| 20 | 21 | 22 | 23 | 24 | 25 | 26 |
| 27 | 28 | 29 | 30 | | | |

## fêtes & anniversaires

## Pudding

**Mon marché**

- 150 g de tranches de pain rassis (si possible pain de mie)
- 50 cl de lait
- 30 cl de crème
- 3 œufs
- 50 g de sucre roux
- 1 gousse de vanille
- 1 c. à c. de cannelle
- 2 c. à s. de raisins secs
- 1 petite brique de crème anglaise

### La recette :

- Préchauffez le four à 180°C (th. 6).
- Beurrez un plat à manqué. Répartissez les tranches de pain dans le fond et sur les bords du moule.
- Fouettez les œufs avec la crème, ajoutez le lait, le sucre, la cannelle.
- Coupez la gousse de vanille en deux dans la longueur et récupérez les graines avec le plat d'un couteau. Ajoutez-les à la préparation ainsi que les raisins secs.
- Enfournez pour 30 min et laissez refroidir avant de le découper. Répartissez la crème anglaise sur les parts de pudding.

## Cette semaine

SEPT

| lundi | mardi | mercredi | jeudi | vendredi | samedi |
|---|---|---|---|---|---|
| 13 | 14 | 15 | 16 | 17 | 18 |
| S$^{t}$ Aimé | Croix Glorieuse | S$^{t}$ Roland | S$^{te}$ Édith | S$^{t}$ Renaud | S$^{te}$ Nadège |

dimanche

19

S$^{te}$ Émilie

SEPT

SEMAINE 38

## Qui fait quoi ?

| | Prénom |
|---|---|
| Mettre la table | |
| Sortir les poubelles | |
| Passer l'aspirateur | |
| Faire la vaisselle | |
| | |
| | |
| | |
| | |
| | |

## To do list

- [ ] 
- [ ] 
- [ ] 
- [ ] 
- [ ] 
- [ ] 
- [ ] 
- [ ] 
- [ ] 
- [ ] 
- [ ] 

**SEPTEMBRE**

| L | M | M | J | V | S | D |
|---|---|---|---|---|---|---|
| | | 1 | 2 | 3 | 4 | 5 |
| 6 | 7 | 8 | 9 | 10 | 11 | 12 |
| 13 | 14 | 15 | 16 | 17 | 18 | 19 |
| 20 | 21 | 22 | 23 | 24 | 25 | 26 |
| 27 | 28 | 29 | 30 | | | |

fêtes & anniversaires

## Cette semaine

# Soupe de butternut à la pancetta et noisettes

**Mon marché**

- 1 butternut
- 1 oignon
- 1 cube de bouillon
- 1 c. à s. de beurre
- 1 c. à s. de crème fraîche
- 4 tranches de pancetta
- 50 g de noisettes
- sel, poivre

## La recette :

- Pelez grossièrement la courge butternut, enlevez les pépins et les filaments et coupez la chair en gros dés. Pelez et coupez l'oignon.
- Faites revenir ces légumes dans un faitout avec le beurre sans coloration, ajoutez le cube de bouillon, mélangez et recouvrez d'eau bouillante. Faites cuire à feu moyen jusqu'à ce que le butternut soit tendre. Mixez la soupe et ajoutez la crème fraîche.
- Sous le gril dans un four, faites griller les tranches de pancetta.
- Concassez grossièrement les noisettes.
- Servez la soupe dans 4 assiettes creuses, ajoutez la pancetta et les noisettes.

SEPT

| lundi | mardi | mercredi | jeudi | vendredi | samedi |
|---|---|---|---|---|---|
| 20 | 21 | 22 | 23 | 24 | 25 |
| St Jean-Charles | St Matthieu | Automne • St Maurice | St Constant | St Anatole | St Hermann |

AUTOMNE

dimanche

26

St Côme, St Damien

SEPT

SEMAINE 39

## Qui fait quoi ?

| | Prénom |
|---|---|
| Mettre la table | |
| Sortir les poubelles | |
| Passer l'aspirateur | |
| Faire la vaisselle | |
| ---------------------- | |
| ---------------------- | |
| ---------------------- | |
| ---------------------- | |
| ---------------------- | |

## To do list

- [ ] ____
- [ ] ____
- [ ] ____
- [ ] ____
- [ ] ____
- [ ] ____
- [ ] ____
- [ ] ____
- [ ] ____
- [ ] ____
- [ ] ____

## OCTOBRE

| L | M | M | J | V | S | D |
|---|---|---|---|---|---|---|
| | | | | 1 | 2 | 3 |
| 4 | 5 | 6 | 7 | 8 | 9 | 10 |
| 11 | 12 | 13 | 14 | 15 | 16 | 17 |
| 18 | 19 | 20 | 21 | 22 | 23 | 24 |
| 25 | 26 | 27 | 28 | 29 | 30 | 31 |

## fêtes & anniversaires

## Cette semaine

## Crostini

**Mon marché**

- 12 tranches de pain de 1 cm d'épaisseur (baguette ou pain de campagne)
- 100 g de tomates séchées
- 1 poivron
- 1 c. à s. de câpres
- 100 g d'olives noires dénoyautées
- 1 gousse d'ail
- 4 c. à s. d'huile d'olive
- 2 c. à c. de vinaigre
- 1 c. à c. de sucre
- sel, poivre
- quelques feuilles de basilic

**La recette :**

- Préchauffez le four à 220°C (th. 7).
- Avec un pinceau, huilez les tartines de pain, salez-les et enfournez-les pour 5 min.
- Versez un peu d'huile dans une poêle, ajoutez-y les tomates, les câpres, les olives, le poivron, l'ail, le vinaigre et le sucre et laissez cuire en remuant régulièrement.
- Répartissez la préparation sur les tartines encore tièdes et décorez de basilic.

| lundi | mardi | mercredi | jeudi | vendredi | samedi |
|---|---|---|---|---|---|
| 27 | 28 | 29 | 30 | 1er | 2 |
| St Vincent de Paul | St Venceslas | St Michel | St Jérôme | Ste Thérèse de l'Enfant Jésus | St Léger |

dimanche

3

St Gérard

Fête des Grands-pères

OCT

SEMAINE 40

## Qui fait quoi ?

| | Prénom |
|---|---|
| Mettre la table | |
| Sortir les poubelles | |
| Passer l'aspirateur | |
| Faire la vaisselle | |
| ------------------------ | |
| ------------------------ | |
| ------------------------ | |
| ------------------------ | |
| ------------------------ | |

## To do list

- [ ] 
- [ ] 
- [ ] 
- [ ] 
- [ ] 
- [ ] 
- [ ] 
- [ ] 
- [ ] 
- [ ] 
- [ ] 

## OCTOBRE

| L | M | M | J | V | S | D |
|---|---|---|---|---|---|---|
| | | | | 1 | 2 | 3 |
| 4 | 5 | 6 | 7 | 8 | 9 | 10 |
| 11 | 12 | 13 | 14 | 15 | 16 | 17 |
| 18 | 19 | 20 | 21 | 22 | 23 | 24 |
| 25 | 26 | 27 | 28 | 29 | 30 | 31 |

## fêtes & anniversaires

## Cette semaine

## Quiche à la fourme et au céleri

**Mon marché**

- 1 pâte brisée
- 10 cl de crème fraîche
- 1 œuf
- 100 g de fourme d'Ambert
- 2 c. à s. de ciboulette hachée
- 30 g de noix hachées
- 20 g de céleri en tout petits dés
- 1 c. à s. de thym émietté
- sel, poivre

### La recette :

- Préchauffez le four à 210°C (th. 7).
- Étalez la pâte brisée dans un moule, piquez-la avec une fourchette, déposez dessus un papier cuisson et des haricots secs et enfournez pour 10 min.
- Fouettez l'œuf avec la crème fraîche, la fourme, le céleri, la ciboulette et le thym. Assaisonnez.
- Retirez la pâte du four, enlevez les haricots et le papier cuisson.
- Répartissez la préparation dessus, parsemez des noix et remettez au four à 180°C (th. 6) pendant 15 à 20 min.
- Servez chaud ou tiède.

| lundi | mardi | mercredi | jeudi | vendredi | samedi |
|---|---|---|---|---|---|
| 4 | 5 | 6 | 7 | 8 | 9 |
| St François d'Assise | Ste Fleur | St Bruno | St Serge | Ste Pélagie | St Denis |

dimanche

10

St Hugo

OCT

SEMAINE 41

## Qui fait quoi ?

| | Prénom |
|---|---|
| Mettre la table | |
| Sortir les poubelles | |
| Passer l'aspirateur | |
| Faire la vaisselle | |
| | |
| | |
| | |
| | |
| | |

## To do list

- [ ] 
- [ ] 
- [ ] 
- [ ] 
- [ ] 
- [ ] 
- [ ] 
- [ ] 
- [ ] 
- [ ] 
- [ ] 

## OCTOBRE

| L | M | M | J | V | S | D |
|---|---|---|---|---|---|---|
| | | | | 1 | 2 | 3 |
| 4 | 5 | 6 | 7 | 8 | 9 | 10 |
| 11 | 12 | 13 | 14 | 15 | 16 | 17 |
| 18 | 19 | 20 | 21 | 22 | 23 | 24 |
| 25 | 26 | 27 | 28 | 29 | 30 | 31 |

## fêtes & anniversaires

## Flammekueche

**Mon marché**

- 1 pâte feuilletée
- 15 cl de crème fraîche épaisse
- 1 paquet de lardons en allumettes, pas trop salés
- 2 oignons

**La recette :**

- Préchauffez le four à 240°C (th. 8).
- Hachez l'oignon assez fin.
- Étalez la pâte sur une plaque de four recouverte de papier sulfurisé.
- Sur la pâte, déposez les lardons et l'oignon haché, puis étalez la crème fraîche.
- Enfournez pour 10 min.

## Cette semaine

| lundi | mardi | mercredi | jeudi | vendredi | samedi |
|---|---|---|---|---|---|
| 11 | 12 | 13 | 14 | 15 | 16 |
| St Firmin | St Wilfried | St Géraud | Ste Céleste | Ste Thérèse d'Avila | Ste Edwige |

dimanche

17

St Baudouin

OCT

SEMAINE 42

## Qui fait quoi ?

| | Prénom |
|---|---|
| Mettre la table | |
| Sortir les poubelles | |
| Passer l'aspirateur | |
| Faire la vaisselle | |
| | |
| | |
| | |
| | |
| | |

## To do list

- [ ]
- [ ]
- [ ]
- [ ]
- [ ]
- [ ]
- [ ]
- [ ]
- [ ]
- [ ]

## OCTOBRE

| L | M | M | J | V | S | D |
|---|---|---|---|---|---|---|
| | | | | 1 | 2 | 3 |
| 4 | 5 | 6 | 7 | 8 | 9 | 10 |
| 11 | 12 | 13 | 14 | 15 | 16 | 17 |
| 18 | 19 | 20 | 21 | 22 | 23 | 24 |
| 25 | 26 | 27 | 28 | 29 | 30 | 31 |

## fêtes & anniversaires

## Cette semaine

## Curry d'agneau

**Mon marché**

- 600 g d'agneau sans os
- 1 oignon
- 1 ou 2 gousses d'ail
- 2 c. à s. de curry
- 20 cl de coulis de tomate
- 20 cl de lait de coco
- 1 bouquet de coriandre fraîche
- huile
- sel, poivre

### La recette :

- Coupez la viande en petites lanières de ½ cm d'épaisseur environ. Pelez et émincez l'oignon et l'ail.
- Dans une cocotte, faites chauffer l'huile et faites-y blondir l'oignon. Ajoutez la viande et faites-la colorer pendant 2 min.
- Ajoutez le curry et l'ail et faites chauffer encore 2 min.
- Versez le coulis de tomate et faites mijoter 3-4 min à feu doux, puis ajoutez le lait de coco et faites cuire encore 2-3 min.
- Au moment de servir, parsemez de coriandre fraîche ciselée.

| lundi | mardi | mercredi | jeudi | vendredi | samedi |
|---|---|---|---|---|---|
| 18 | 19 | 20 | 21 | 22 | 23 |
| St Luc | St René | Ste Adeline | Ste Céline | Ste Élodie | St Jean de Capistran |

dimanche

24

St Florentin

OCT

SEMAINE 43

## Qui fait quoi ?

| | Prénom |
|---|---|
| Mettre la table | |
| Sortir les poubelles | |
| Passer l'aspirateur | |
| Faire la vaisselle | |
| ---------------------- | |
| ---------------------- | |
| ---------------------- | |
| ---------------------- | |
| ---------------------- | |

## To do list

- [ ] 
- [ ] 
- [ ] 
- [ ] 
- [ ] 
- [ ] 
- [ ] 
- [ ] 
- [ ] 
- [ ] 
- [ ] 

## OCTOBRE

| L | M | M | J | V | S | D |
|---|---|---|---|---|---|---|
| | | | | 1 | 2 | 3 |
| 4 | 5 | 6 | 7 | 8 | 9 | 10 |
| 11 | 12 | 13 | 14 | 15 | 16 | 17 |
| 18 | 19 | 20 | 21 | 22 | 23 | 24 |
| 25 | 26 | 27 | 28 | 29 | 30 | 31 |

## fêtes & anniversaires

## Cette semaine

Acheter des friandises et prévoir un déguisement effrayant !

## Salade scandinave

### Mon marché

- 700 g de pommes de terre genre Bintje
- 200 g de saumon fumé
- 1 bouquet de ciboulette
- 2 échalotes
- 3 c. à s. d'huile d'olive
- 1 citron non traité
- 1 c. à s. de sirop d'érable ou sirop d'agave
- 1 c. à c. de baies roses
- quelques branches d'aneth
- sel, poivre

### La recette :

- Faites cuire les pommes de terre épluchées dans un grand faitout d'eau salée, environ 20 min.
- Prélevez le zeste du citron lavé et pressez son jus.
- Dans un bol, mettez le sirop d'érable, le jus de citron et le zeste, les baies roses. Assaisonnez et mélangez bien avant d'incorporer l'huile. Ajoutez les herbes lavées et ciselées.
- Ciselez finement les échalotes. Découpez le saumon en lanières.
- Tranchez les pommes de terre et mélangez-les dans un saladier avec le saumon, les échalotes. Puis incorporez la sauce.
- Servir tiède ou refroidie 1 heure au réfrigérateur.

| lundi | mardi | mercredi | jeudi | vendredi | samedi |
|---|---|---|---|---|---|
| 25 | 26 | 27 | 28 | 29 | 30 |
| St Crépin | St Dimitri | Ste Émeline | St Jude, St Simon | St Narcisse | Ste Bienvenue |

dimanche

31

St Quentin

HALLOWEEN

OCT

SEMAINE 44

## Qui fait quoi ?

| | Prénom |
|---|---|
| Mettre la table | |
| Sortir les poubelles | |
| Passer l'aspirateur | |
| Faire la vaisselle | |
| | |
| | |
| | |
| | |
| | |

## To do list

- [ ]
- [ ]
- [ ]
- [ ]
- [ ]
- [ ]
- [ ]
- [ ]
- [ ]
- [ ]
- [ ]

## NOVEMBRE

| L | M | M | J | V | S | D |
|---|---|---|---|---|---|---|
| 1 | 2 | 3 | 4 | 5 | 6 | 7 |
| 8 | 9 | 10 | 11 | 12 | 13 | 14 |
| 15 | 16 | 17 | 18 | 19 | 20 | 21 |
| 22 | 23 | 24 | 25 | 26 | 27 | 28 |
| 29 | 30 | | | | | |

## fêtes & anniversaires

## Cette semaine

## Mini-clafoutis aux mûres

Mon marché

- 135 g de mûres
- 85 g de farine
- 10 g de beurre
- 2 œufs
- 35 g de sucre
- 20 cl de lait
- 1 pincée de sel

### La recette :

- Préchauffez le four à 180°C (th. 6).
- Mélangez la farine avec le sucre et le sel, puis incorporez les œufs battus en omelette.
- Versez progressivement le lait sans cesser de remuer.
- Répartissez les mûres dans 4 plats individuels beurrés et versez la pâte par-dessus.
- Enfournez pour 20 min de cuisson.

| lundi | mardi | mercredi | jeudi | vendredi | samedi |
|---|---|---|---|---|---|
| 1er | 2 | 3 | 4 | 5 | 6 |
| Toussaint | Défunts | St Hubert | St Charles | Ste Sylvie | St Léonard |

| dimanche |
|---|
| 7 |
| Ste Karine |

## Qui fait quoi ?

| | Prénom |
|---|---|
| Mettre la table | |
| Sortir les poubelles | |
| Passer l'aspirateur | |
| Faire la vaisselle | |
| | |
| | |
| | |
| | |
| | |

## To do list

- [ ] 
- [ ] 
- [ ] 
- [ ] 
- [ ] 
- [ ] 
- [ ] 
- [ ] 
- [ ] 
- [ ] 
- [ ] 

## NOVEMBRE

| L | M | M | J | V | S | D |
|---|---|---|---|---|---|---|
| 1 | 2 | 3 | 4 | 5 | 6 | 7 |
| 8 | 9 | 10 | 11 | 12 | 13 | 14 |
| 15 | 16 | 17 | 18 | 19 | 20 | 21 |
| 22 | 23 | 24 | 25 | 26 | 27 | 28 |
| 29 | 30 | | | | | |

## fêtes & anniversaires

## Échine de porc à l'asiatique

**Mon marché**

- 500 g d'échine de porc
- 1 oignon
- 4 gousses d'ail
- 1 c. à s. d'huile d'olive
- 1 c. à c. de gingembre râpé
- 3 c. à s. de nuoc-mâm
- 3 c. à s. de miel liquide
- sel, poivrel

### La recette :

- Découpez le porc en morceaux en ôtant le gras. Laissez-le mariner avec l'ail, le miel, la sauce nuoc-mâm. Salez légèrement et poivrez.
- Épluchez et émincez l'oignon. Faites chauffer l'huile dans un wok ou une poêle antiadhésive et faites-y dorer l'oignon.
- Ajoutez le porc, en remuant constamment à feu vif pendant 5 min. La viande doit être dorée.
- Mettez la marinade pour déglacer la poêle. Ajoutez un peu d'eau si nécessaire pour que la viande ne soit pas sèche.

## Cette semaine

| lundi | mardi | mercredi | jeudi | vendredi | samedi |
| --- | --- | --- | --- | --- | --- |
| 8 | 9 | 10 | 11 | 12 | 13 |
| St Geoffroy | St Théodore | St Léon | Armistice 1918 • St Martin | St Christian | St Brice |
| | | | Férié | | |
| | | | | | dimanche |
| | | | | | 14 |
| | | | | | St Sidoine |

# Qui fait quoi ?

| | Prénom |
|---|---|
| Mettre la table | |
| Sortir les poubelles | |
| Passer l'aspirateur | |
| Faire la vaisselle | |
| | |
| | |
| | |
| | |
| | |

# To do list

- [ ] 
- [ ] 
- [ ] 
- [ ] 
- [ ] 
- [ ] 
- [ ] 
- [ ] 
- [ ] 
- [ ] 
- [ ] 

## NOVEMBRE

| L | M | M | J | V | S | D |
|---|---|---|---|---|---|---|
| 1 | 2 | 3 | 4 | 5 | 6 | 7 |
| 8 | 9 | 10 | 11 | 12 | 13 | 14 |
| 15 | 16 | 17 | 18 | 19 | 20 | 21 |
| 22 | 23 | 24 | 25 | 26 | 27 | 28 |
| 29 | 30 | | | | | |

## fêtes & anniversaires

## Cette semaine

# Salade orientale

**Mon marché**

- 1 grosse boîte de pois chiches
- 3 belles tomates
- 1 poivron vert
- 1 échalote
- 1 bouquet de persil
- 2 c. à s. de pignons grillés
- 1 c. à c. de graines de cumin
- ½ c. à c. de raz el hanout
- 2 c. à s. d'huile d'olive
- 1 c. à s. de vinaigre
- sel, poivre

## La recette :

- Rincez les pois chiches sous l'eau claire. Enlevez le maximum de peau en pinçant les pois chiches.
- Lavez et coupez les tomates en petits morceaux.
- Lavez et découpez le poivron en enlevant bien les peaux blanches.
- Déposez les pois chiches, tomates et poivron dans un saladier, parsemez des graines de cumin, mélangez et laissez reposer pour que le parfum se développe.
- Pelez et émincez l'échalote et préparez la vinaigrette avec, ajoutez le raz el hanout.
- Versez la vinaigrette sur les légumes. Lavez et ciselez le persil que vous ajouterez sur la salade.
- Mettez au frais au moins 1 heure.

| lundi | mardi | mercredi | jeudi | vendredi | samedi |
| --- | --- | --- | --- | --- | --- |
| 15 | 16 | 17 | 18 | 19 | 20 |
| St Albert | Ste Marguerite | Ste Élisabeth | Ste Aude | St Tanguy | St Edmond |

**dimanche**

**21**

Présentation de la Vierge Marie

## Qui fait quoi ?

| | Prénom |
|---|---|
| Mettre la table | |
| Sortir les poubelles | |
| Passer l'aspirateur | |
| Faire la vaisselle | |
| ------------------------ | |
| ------------------------ | |
| ------------------------ | |
| ------------------------ | |
| ------------------------ | |

## To do list

- [ ] 
- [ ] 
- [ ] 
- [ ] 
- [ ] 
- [ ] 
- [ ] 
- [ ] 
- [ ] 
- [ ] 
- [ ] 

**NOVEMBRE**

| L | M | M | J | V | S | D |
|---|---|---|---|---|---|---|
| 1 | 2 | 3 | 4 | 5 | 6 | 7 |
| 8 | 9 | 10 | 11 | 12 | 13 | 14 |
| 15 | 16 | 17 | 18 | 19 | 20 | 21 |
| 22 | 23 | 24 | 25 | 26 | 27 | 28 |
| 29 | 30 | | | | | |

fêtes & anniversaires

## Salade de melons à la feta

**Mon marché**

- 1 melon de Cavaillon
- 1 melon jaune
- 1 melon vert
- 1 paquet de feta
- 12 olives noires
- quelques feuilles de menthe
- 2 c. à s. d'huile d'olive
- 1 c. à s. de vinaigre
- sel, poivre

**La recette :**

- Ouvrez les melons, enlevez les graines et filaments et coupez-les en cubes réguliers.
- Dans un saladier, ajoutez la feta en cubes aux melons.
- Préparez la vinaigrette avec l'huile d'olive, le vinaigre, le sel et le poivre. Versez-la sur la salade. Décorez de la menthe ciselée.
- Mettez au réfrigérateur 1 heure au moins avant de servir.

**Cette semaine**

Préparer la lettre au Père Noël.

| lundi | mardi | mercredi | jeudi | vendredi | samedi |
|---|---|---|---|---|---|
| 22 | 23 | 24 | 25 | 26 | 27 |
| Ste Cécile | St Clément | Ste Flora | Ste Catherine | Ste Delphine | St Virgile |

dimanche

28

St Jacques de la Marche

NOV

SEMAINE 48

## Qui fait quoi ?

| | Prénom |
|---|---|
| Mettre la table | |
| Sortir les poubelles | |
| Passer l'aspirateur | |
| Faire la vaisselle | |
| ------------------------ | |
| ------------------------ | |
| ------------------------ | |
| ------------------------ | |
| ------------------------ | |

## To do list

- [ ] 
- [ ] 
- [ ] 
- [ ] 
- [ ] 
- [ ] 
- [ ] 
- [ ] 
- [ ] 
- [ ] 
- [ ] 

## Fêtes & anniversaires

**DÉCEMBRE**

| L | M | M | J | V | S | D |
|---|---|---|---|---|---|---|
| | | 1 | 2 | 3 | 4 | 5 |
| 6 | 7 | 8 | 9 | 10 | 11 | 12 |
| 13 | 14 | 15 | 16 | 17 | 18 | 19 |
| 20 | 21 | 22 | 23 | 24 | 25 | 26 |
| 27 | 28 | 29 | 30 | 31 | | |

## Cette semaine

## Beignets de crevettes

**Mon marché**

**Pour la pâte à choux :**
- 20 cl d'eau
- 40 g de beurre
- 85 g de farine
- 3 œufs
- sel, poivre

**Pour la garniture :**
- 200 g de crevettes cuites et décortiquées

### La recette :

- Faites bouillir l'eau et le beurre dans une casserole, avec une pincée de sel et de poivre. Incorporez la farine en remuant vivement afin d'éviter que la préparation ne dessèche.
- Ajoutez les œufs entiers et les crevettes hors du feu. Mélangez bien le tout de façon à obtenir une préparation parfaitement homogène, puis formez des boulettes avec la pâte.
- Faites chauffer l'huile de friture à 120°C (th. 4), puis plongez-y les boulettes à la crevette jusqu'à ce qu'elles soient bien gonflées.
- Augmentez ensuite la température à 175°C (th. 5-6) pour les faire dorer.
- Après 8 min environ de cuisson, égouttez-les, puis déposez-les sur du papier absorbant pour retirer l'excédent d'huile.
- Placez-les dans un plat de service allant au four et dégustez sans attendre.

| lundi | mardi | mercredi | jeudi | vendredi | samedi |
|---|---|---|---|---|---|
| 29 | 30 | 1er | 2 | 3 | 4 |
| St Saturnin | St André | Ste Florence | Ste Viviane | St François-Xavier | Ste Barbara |

dimanche

5

St Gérald

SEMAINE 49

DÉC

## Qui fait quoi ?

| | Prénom |
|---|---|
| Mettre la table | |
| Sortir les poubelles | |
| Passer l'aspirateur | |
| Faire la vaisselle | |
| | |
| | |
| | |
| | |
| | |

## To do list

- [ ] 
- [ ] 
- [ ] 
- [ ] 
- [ ] 
- [ ] 
- [ ] 
- [ ] 
- [ ] 
- [ ] 
- [ ] 

## DÉCEMBRE

| L | M | M | J | V | S | D |
|---|---|---|---|---|---|---|
| | | 1 | 2 | 3 | 4 | 5 |
| 6 | 7 | 8 | 9 | 10 | 11 | 12 |
| 13 | 14 | 15 | 16 | 17 | 18 | 19 |
| 20 | 21 | 22 | 23 | 24 | 25 | 26 |
| 27 | 28 | 29 | 30 | 31 | | |

fêtes & anniversaires

## Cette semaine

Prévoir les menus des réveillons.

## Poulet à la marocaine

**Mon marché**

- 4 blancs de poulet
- 500 g de tomates
- 100 g de raisins secs
- 50 g d'olives noires
- 2 gousses d'ail
- 60 g d'amandes effilées
- 1 citron
- 2 c. à s. d'huile d'olive
- 2 c. à s. de tahini (purée de sésame)
- 1 c. à s. de coriandre
- 1 c. à s. de cumin
- 1 c. à c. de gingembre
- 1 c. à s. de cardamome
- 1 c. à c. de sucre roux
- sel, poivre
- quelques brins de coriandre

**La recette :**

- Faites chauffer l'huile dans un faitout à fond épais avec les épices et l'ail épluché. Remuez et laissez frire 2 min. Ajoutez les blancs de poulet coupés en deux, les raisins secs, remuez et laissez cuire 3 min.
- Ajoutez les tomates coupées en gros dés, les olives, le sucre, le jus du citron, la crème de sésame.
- Assaisonnez légèrement et laissez cuire 10 min.
- Servez parsemé des amandes grillées et de la coriandre ciselée.

En accompagnement, vous pouvez servir de la semoule.

| lundi | mardi | mercredi | jeudi | vendredi | samedi |
|---|---|---|---|---|---|
| 6 | 7 | 8 | 9 | 10 | 11 |
| St Nicolas | St Ambroise | Immaculée Conception | St Pierre Fourier | Ste Eulalie | St Arthur |

SAINT NICOLAS

dimanche

12

St Corentin

SEMAINE 50

DÉC

## Qui fait quoi ?

| | Prénom |
|---|---|
| Mettre la table | |
| Sortir les poubelles | |
| Passer l'aspirateur | |
| Faire la vaisselle | |
| ------------------------ | |
| ------------------------ | |
| ------------------------ | |
| ------------------------ | |
| ------------------------ | |

## To do list

- [ ] 
- [ ] 
- [ ] 
- [ ] 
- [ ] 
- [ ] 
- [ ] 
- [ ] 
- [ ] 
- [ ] 
- [ ] 

## DÉCEMBRE

| L | M | M | J | V | S | D |
|---|---|---|---|---|---|---|
| | | 1 | 2 | 3 | 4 | 5 |
| 6 | 7 | 8 | 9 | 10 | 11 | 12 |
| 13 | 14 | 15 | 16 | 17 | 18 | 19 |
| 20 | 21 | 22 | 23 | 24 | 25 | 26 |
| 27 | 28 | 29 | 30 | 31 | | |

## fêtes & anniversaires

## Cette semaine

## Gâteau aux pommes

**Mon marché**

- 4 belles pommes
- 3 œufs
- 300 g de farine
- 120 g de sucre roux
- 1 sachet de sucre vanillé
- 1 sachet de levure
- 100 g de beurre mou
- ½ citron

### La recette :

- Préchauffez le four à 180°C (th. 6).
- Dans un saladier, battez les œufs avec le sucre dont vous garderez une cuillerée pour le final, puis ajoutez la farine et la levure. Mélangez bien et ajoutez le beurre, le sucre vanillé et le zeste du ½ citron.
- Lavez et épépinez les pommes. Coupez-les en dés, mais gardez quelques lamelles pour la décoration.
- Mélangez les dés de pommes à la préparation que vous verserez dans un moule à manqué beurré et sucré. Enfournez pour ¾ d'heure et glissez une lame de couteau pour vérifier la cuisson.

| lundi | mardi | mercredi | jeudi | vendredi | samedi |
|---|---|---|---|---|---|
| 13 | 14 | 15 | 16 | 17 | 18 |
| Ste Lucie | Ste Odile | Ste Ninon | Ste Alice | St Gaël | St Gatien |

| dimanche |
|---|
| 19 |
| St Urbain |

## Qui fait quoi ?

| | Prénom |
|---|---|
| Mettre la table | |
| Sortir les poubelles | |
| Passer l'aspirateur | |
| Faire la vaisselle | |
| ------------------------ | |
| ------------------------ | |
| ------------------------ | |
| ------------------------ | |
| ------------------------ | |

## To do list

- [ ] ______
- [ ] ______
- [ ] ______
- [ ] ______
- [ ] ______
- [ ] ______
- [ ] ______
- [ ] ______
- [ ] ______
- [ ] ______
- [ ] ______

## DÉCEMBRE

| L | M | M | J | V | S | D |
|---|---|---|---|---|---|---|
| | | 1 | 2 | 3 | 4 | 5 |
| 6 | 7 | 8 | 9 | 10 | 11 | 12 |
| 13 | 14 | 15 | 16 | 17 | 18 | 19 |
| 20 | 21 | 22 | 23 | 24 | 25 | 26 |
| 27 | 28 | 29 | 30 | 31 | | |

fêtes & anniversaires

## Sablés de Noël

**Mon marché**

- 125 g de farine
- 75 g de beurre
- 50 g de sucre
- 1 sachet de sucre vanillé
- 1 œuf
- 1 c. à s. de quatre-épices
- 1 pincée de sel

**La recette :**

- Dans un saladier, mélangez la farine avec le sucre, le sucre vanillé, les quatre-épices et la pincée de sel. Ajoutez le beurre coupé en morceaux et travaillez avec les doigts.
- Puis ajoutez l'œuf et formez une boule que vous laisserez reposer, filmée, pendant ½ heure.
- Préchauffez le four à 160°C (th. 5).
- Saupoudrez de farine votre plan de travail, étalez la pâte, découpez-la avec des emporte-pièces en forme de sapin, père Noël, boule, étoile...
- Déposez les sablés sur la plaque du four recouverte de papier sulfurisé et enfournez pour 15 min environ, les sablés ne doivent pas être trop bruns.

## Cette semaine

| lundi | mardi | mercredi | jeudi | vendredi | samedi |
|---|---|---|---|---|---|
| 20 | 21 | 22 | 23 | 24 | 25 |
| Sᵗ Théophile | Hiver • Sᵗ Pierre Canisius | Sᵗᵉ Françoise-Xavière | Sᵗ Armand | Sᵗᵉ Adèle | Noël |
| | HIVER | | | | C'EST NOËL |

dimanche

26

Sᵗ Étienne

SEMAINE 52

DÉC

## Qui fait quoi ?

| | Prénom |
|---|---|
| Mettre la table | |
| Sortir les poubelles | |
| Passer l'aspirateur | |
| Faire la vaisselle | |
| ------------------------ | |
| ------------------------ | |
| ------------------------ | |
| ------------------------ | |
| ------------------------ | |

## To do list

- [ ] 
- [ ] 
- [ ] 
- [ ] 
- [ ] 
- [ ] 
- [ ] 
- [ ] 
- [ ] 
- [ ] 
- [ ] 

## JANVIER

| L | M | M | J | V | S | D |
|---|---|---|---|---|---|---|
| | | | | | 1 | 2 |
| 3 | 4 | 5 | 6 | 7 | 8 | 9 |
| 10 | 11 | 12 | 13 | 14 | 15 | 16 |
| 17 | 18 | 19 | 20 | 21 | 22 | 23 |
| 24 | 25 | 26 | 27 | 28 | 29 | 30 |
| 31 | | | | | | |

### Fêtes & anniversaires



### Cette semaine

Penser à acheter une galette des rois.

## Moussaka

**Mon marché**

- 6 steaks hachés
- 5 grosses aubergines
- 4 tomates un peu molles
- 1 gros oignon
- 30 g de fromage de chèvre frais
- 2 c. à s. de concentré de tomate
- 2 c. à s. de basilic coupé
- 1 cube de bouillon de légumes
- sel, poivre

### La recette :

- Coupez les aubergines en fines tranches et mettez-les dans une friteuse chaude jusqu'à ce qu'elles soient bien molles (environ 5 min), puis posez-les sur du papier absorbant en y ajoutant un petit peu de sel.
- Faites revenir l'oignon dans un peu d'huile, puis incorporez les steaks que vous couperez en morceaux dans la poêle.
- Quand la viande a pris des couleurs, détaillez les tomates en petits dés et remuez bien, puis ajoutez le concentré de tomate et 120 ml de bouillon sans cesser de remuer.
- Laissez cuire doucement 5 min.
- Salez, poivrez selon votre goût.
- Dans un plat à gratin, tapissez le fond avec les aubergines, puis la viande.
- Enfin, émiettez le chèvre dessus et mettez au four en position gril environ 5 min.

| lundi | mardi | mercredi | jeudi | vendredi | samedi |
|---|---|---|---|---|---|
| 27 | 28 | 29 | 30 | 31 | 1er |
| St Jean | Sts Innocents | St David | St Roger | St Sylvestre | Jour de l'an |
| | | | | Réveillon du Nouvel An | Férié |

dimanche

2

Épiphanie • St Basile

Galette des rois

## Qui fait quoi ?

| | Prénom |
|---|---|
| Mettre la table | |
| Sortir les poubelles | |
| Passer l'aspirateur | |
| Faire la vaisselle | |
| ------------------------ | |
| ------------------------ | |
| ------------------------ | |
| ------------------------ | |
| ------------------------ | |

## To do list

- [ ] 
- [ ] 
- [ ] 
- [ ] 
- [ ] 
- [ ] 
- [ ] 
- [ ] 
- [ ] 
- [ ] 
- [ ] 

## JANVIER

| L | M | M | J | V | S | D |
|---|---|---|---|---|---|---|
| | | | | | 1 | 2 |
| 3 | 4 | 5 | 6 | 7 | 8 | 9 |
| 10 | 11 | 12 | 13 | 14 | 15 | 16 |
| 17 | 18 | 19 | 20 | 21 | 22 | 23 |
| 24 | 25 | 26 | 27 | 28 | 29 | 30 |
| 31 | | | | | | |

## fêtes & anniversaires

## Cette semaine

## Côtes de porc sauce ravigote

**Mon marché**

- 4 côtes de porc dans le filet
- 2 c. à s. de beurre
- 2 c. à s. d'huile d'olive
- 50 g d'échalotes
- 50 g de cornichons
- 2 c. à s. de crème fraîche
- 2 c. à s. de moutarde
- 1 c. à s. de vinaigre
- sel, poivre

### La recette :

- Faites chauffer l'huile et le beurre dans une grande poêle. Ajoutez les côtes de porc, laissez-les colorer, puis baissez le feu et continuez la cuisson 8 min environ en les retournant une fois. Retirez-les de la poêle et gardez-les au chaud.
- Dans la poêle, ajoutez les échalotes ciselées, les cornichons coupés en petites rondelles, la moutarde et le vinaigre. Remuez bien pour détacher les sucs, rectifiez l'assaisonnement, puis ajoutez la crème.
- Nappez les côtes de porc de cette sauce.

| lundi | mardi | mercredi | jeudi | vendredi | samedi | dimanche |
|---|---|---|---|---|---|---|
| 3 | 4 | 5 | 6 | 7 | 8 | 9 |
| Ste Geneviève | St Odilon | St Édouard | St Mélaine | St Raymond | St Lucien | Ste Alix |

## Qui fait quoi ?

| | Prénom |
|---|---|
| Mettre la table | |
| Sortir les poubelles | |
| Passer l'aspirateur | |
| Faire la vaisselle | |
| | |
| | |
| | |
| | |
| | |

## To do list

- [ ] 
- [ ] 
- [ ] 
- [ ] 
- [ ] 
- [ ] 
- [ ] 
- [ ] 
- [ ] 
- [ ] 
- [ ] 

## JANVIER

| L | M | M | J | V | S | D |
|---|---|---|---|---|---|---|
| | | | | | 1 | 2 |
| 3 | 4 | 5 | 6 | 7 | 8 | 9 |
| 10 | 11 | 12 | 13 | 14 | 15 | 16 |
| 17 | 18 | 19 | 20 | 21 | 22 | 23 |
| 24 | 25 | 26 | 27 | 28 | 29 | 30 |
| 31 | | | | | | |

## fêtes & anniversaires

JANV

## Brownies au chocolat

**Mon marché**

- 125 g de chocolat
- 125 g de beurre
- 150 g de sucre
- 4 œufs
- 2 c. à s. de farine

### La recette :

- Préchauffez le four à 180°C (th. 6).
- Faites fondre le chocolat dans un peu d'eau au micro-ondes.
- Ajoutez le beurre. Versez le tout dans un saladier.
- Ajoutez les œufs entiers, le sucre et la farine. Battez énergiquement et versez dans un moule carré beurré.
- Faites cuire 20 min puis coupez le gâteau en morceaux pour qu'ils soient moelleux à l'intérieur.

## Cette semaine

| lundi | mardi | mercredi | jeudi | vendredi | samedi |
| --- | --- | --- | --- | --- | --- |
| 10 | 11 | 12 | 13 | 14 | 15 |
| St Guillaume | Ste Pauline | Ste Tatiana | Ste Yvette | Ste Nina | St Rémi |
| | | | | | dimanche |
| | | | | | 16 |
| | | | | | St Marcel |

## Qui fait quoi ?

| | Prénom |
|---|---|
| Mettre la table | |
| Sortir les poubelles | |
| Passer l'aspirateur | |
| Faire la vaisselle | |
| ------------------------ | |
| ------------------------ | |
| ------------------------ | |
| ------------------------ | |
| ------------------------ | |

## To do list

- [ ] 
- [ ] 
- [ ] 
- [ ] 
- [ ] 
- [ ] 
- [ ] 
- [ ] 
- [ ] 
- [ ] 
- [ ] 

## JANVIER

| L | M | M | J | V | S | D |
|---|---|---|---|---|---|---|
| | | | | | 1 | 2 |
| 3 | 4 | 5 | 6 | 7 | 8 | 9 |
| 10 | 11 | 12 | 13 | 14 | 15 | 16 |
| 17 | 18 | 19 | 20 | 21 | 22 | 23 |
| 24 | 25 | 26 | 27 | 28 | 29 | 30 |
| 31 | | | | | | |

## fêtes & anniversaires

## Cette semaine

## Œufs mimosa au thon

**Mon marché**

- 4 œufs + 1 jaune
- 1 boîte de thon
- 1 c. à s. de moutarde jaune
- huile
- 1 c. à s. de vinaigre
- 1 c. à s. de persil haché
- sel, poivre

### La recette :

- Faites durcir les 4 œufs, 10 min dans une grande casserole d'eau additionnée du vinaigre.
Puis passez-les sous l'eau froide.
- Préparez une mayonnaise avec le jaune d'œuf, la moutarde et l'huile ajoutée petit à petit sans cesser de mélanger. Salez légèrement.
Ajoutez le thon égoutté à cette préparation.
- Écalez les œufs, coupez-les en deux dans le sens de la longueur et récupérez les jaunes que vous écraserez à la fourchette dans une assiette.
- Gardez de côté une cuillerée à soupe de jaune d'œuf écrasé, et mélangez le reste à la mayonnaise au thon.
- Remplissez les blancs d'œufs de la préparation, parsemez du jaune restant et du persil.
- Servez frais.

| lundi | mardi | mercredi | jeudi | vendredi | samedi |
| --- | --- | --- | --- | --- | --- |
| 17 | 18 | 19 | 20 | 21 | 22 |
| Ste Roseline | Ste Prisca | St Marius | St Sébastien | Ste Agnès | St Vincent |

| dimanche |
| --- |
| 23 |
| St Barnard |

## Qui fait quoi ?

| | Prénom |
|---|---|
| Mettre la table | |
| Sortir les poubelles | |
| Passer l'aspirateur | |
| Faire la vaisselle | |
| | |
| | |
| | |
| | |
| | |

## To do list

- [ ] 
- [ ] 
- [ ] 
- [ ] 
- [ ] 
- [ ] 
- [ ] 
- [ ] 
- [ ] 
- [ ] 
- [ ] 

JANV

**JANVIER**

| L | M | M | J | V | S | D |
|---|---|---|---|---|---|---|
| | | | | | 1 | 2 |
| 3 | 4 | 5 | 6 | 7 | 8 | 9 |
| 10 | 11 | 12 | 13 | 14 | 15 | 16 |
| 17 | 18 | 19 | 20 | 21 | 22 | 23 |
| 24 | 25 | 26 | 27 | 28 | 29 | 30 |
| 31 | | | | | | |

fêtes & anniversaires

Cette semaine

Organiser une soirée crêpes pour la Chandeleur !

## Pâtes aux endives, chèvre et figues

**Mon marché**

- 400 g de pâtes fraîches si possible
- 6 endives
- 4 figues
- ½ fromage de chèvre mi-sec
- 2 c. à s. de parmesan
- 4 c. à s. de crème fraîche
- 1 c. à s. d'huile

**La recette :**

- Lavez les endives et ôtez la partie centrale dure. Coupez-les en rondelles de 1 cm environ d'épaisseur.
- Faites chauffer l'huile dans une grande poêle, poêlez rapidement les figues et gardez-les de côté. Dans cette même poêle, faites cuire doucement les endives sans qu'elles accrochent.
- Faites cuire les pâtes selon la notice sur le paquet pour qu'elles soient *al dente*.
- Émiettez le chèvre sur les endives, mélangez et versez cette préparation sur les pâtes.

| lundi | mardi | mercredi | jeudi | vendredi | samedi |
|---|---|---|---|---|---|
| 24 | 25 | 26 | 27 | 28 | 29 |
| St François de Sales | Conversion de St Paul | Ste Paule, Pauline | Ste Angèle | St Thomas d'Aquin | St Gildas |

| dimanche |
|---|
| 30 |
| Ste Martine |



SEMAINE 4

## Qui fait quoi ?

| | Prénom |
|---|---|
| Mettre la table | |
| Sortir les poubelles | |
| Passer l'aspirateur | |
| Faire la vaisselle | |
| ---------- | |
| ---------- | |
| ---------- | |
| ---------- | |
| ---------- | |

## To do list

- [ ] 
- [ ] 
- [ ] 
- [ ] 
- [ ] 
- [ ] 
- [ ] 
- [ ] 
- [ ] 
- [ ] 
- [ ] 

## FÉVRIER

| L | M | M | J | V | S | D |
|---|---|---|---|---|---|---|
| | 1 | 2 | 3 | 4 | 5 | 6 |
| 7 | 8 | 9 | 10 | 11 | 12 | 13 |
| 14 | 15 | 16 | 17 | 18 | 19 | 20 |
| 21 | 22 | 23 | 24 | 25 | 26 | 27 |
| 28 | | | | | | |

## fêtes & anniversaires

FÉV

## Mousse de mascarpone aux fruits rouges

**Mon marché**

- 250 g de mascarpone
- 50 g de sucre glace
- 3 blancs d'œuf
- 800 g de fruits rouges (fraises, framboises, groseilles, myrtilles...)

**La recette :**

- Montez les blancs en neige ferme dans un récipient.
- Fouettez le mascarpone avec le sucre glace en aérant bien la préparation.
- Incorporez-y les blancs en neige délicatement.
- Mettez la mousse dans des coupelles de présentation et disposez les fruits rouges sur le dessus. Saupoudrez de sucre glace et conservez au frais avant dégustation.

## Cette semaine

| lundi | mardi | mercredi | jeudi | vendredi | samedi |
|---|---|---|---|---|---|
| 31 | 1$^{er}$ | 2 | 3 | 4 | 5 |
| S$^{te}$ Marcelle | S$^{te}$ Ella | Présentation du Seigneur | S$^{t}$ Blaise | S$^{te}$ Véronique | S$^{te}$ Agathe |

FÉV

Chandeleur

dimanche

6

S$^{t}$ Gaston

SEMAINE 5

## Qui fait quoi ?

| | Prénom |
|---|---|
| Mettre la table | |
| Sortir les poubelles | |
| Passer l'aspirateur | |
| Faire la vaisselle | |
| | |
| | |
| | |
| | |
| | |

## To do list

- [ ]
- [ ]
- [ ]
- [ ]
- [ ]
- [ ]
- [ ]
- [ ]
- [ ]
- [ ]
- [ ]

## FÉVRIER

| L | M | M | J | V | S | D |
|---|---|---|---|---|---|---|
| | 1 | 2 | 3 | 4 | 5 | 6 |
| 7 | 8 | 9 | 10 | 11 | 12 | 13 |
| 14 | 15 | 16 | 17 | 18 | 19 | 20 |
| 21 | 22 | 23 | 24 | 25 | 26 | 27 |
| 28 | | | | | | |

fêtes & anniversaires

FÉV

## Cette semaine

Prévoir une baby-sitter pour pouvoir dîner aux chandelles à la Saint-Valentin.

## Toasts d'avocats

**Mon marché**

- 2 avocats bien mûrs
- 4 tranches épaisses de pain de campagne ou aux céréales
- huile d'olive
- jus de citron
- ½ grenade
- ½ bouquet de coriandre
- sel, poivre

**La recette :**

- Écrasez grossièrement la chair des 2 avocats. Arrosez de jus de citron, salez et poivrez.
- Faites toaster le pain, il ne doit pas être trop dur.
- Étalez l'avocat dessus. Parsemez de la coriandre ciselée.
- Tapez sur la grenade avec une cuillère en bois, ouvrez-la en deux et sortez les graines en prenant soin de bien retirer les peaux blanches amères. Saupoudrez-en les toasts.

| lundi | mardi | mercredi | jeudi | vendredi | samedi |
| --- | --- | --- | --- | --- | --- |
| 7 | 8 | 9 | 10 | 11 | 12 |
| Ste Eugénie | Ste Jacqueline | Ste Apolline | St Arnaud | Notre-Dame de Lourdes | St Félix |

| dimanche |
| --- |
| 13 |
| Ste Béatrice |

FÉV

SEMAINE 6

## Qui fait quoi ?

| | Prénom |
|---|---|
| Mettre la table | |
| Sortir les poubelles | |
| Passer l'aspirateur | |
| Faire la vaisselle | |
| | |
| | |
| | |
| | |
| | |

## To do list

- [ ] Prévoir un déguisement.
- [ ]
- [ ]
- [ ]
- [ ]
- [ ]
- [ ]
- [ ]
- [ ]
- [ ]
- [ ]

## FÉVRIER

| L | M | M | J | V | S | D |
|---|---|---|---|---|---|---|
| | 1 | 2 | 3 | 4 | 5 | 6 |
| 7 | 8 | 9 | 10 | 11 | 12 | 13 |
| 14 | 15 | 16 | 17 | 18 | 19 | 20 |
| 21 | 22 | 23 | 24 | 25 | 26 | 27 |
| 28 | | | | | | |

## fêtes & anniversaires



## Cette semaine

## Chachouka

**Mon marché**

- 4 œufs
- 8 tomates
- 2 poivrons
- 2 oignons
- 4 gousses d'ail
- 2 c. à s. d'huile d'olive
- 1 c. à s. de thym
- ½ botte de persil
- ½ c. à c. de piment d'Espelette
- 1 c. à c. de cumin
- sel, poivre

### La recette :

- Hachez les tomates et les poivrons lavés. Hachez l'oignon et l'ail.
- Dans une grande poêle, faites chauffer l'huile d'olive, ajoutez les légumes hachés, les épices et les herbes. Salez et laissez cuire environ 20 min en remuant de temps en temps.
- Mixez la moitié de la préparation et remettez dans la poêle.
- Versez les œufs sans les casser dans la poêle et continuez la cuisson environ 10 min.
- Assaisonnez à votre convenance.

La chachouka se sert à même la poêle pour saucer avec du bon pain de campagne.

FÉV

| lundi | mardi | mercredi | jeudi | vendredi | samedi |
| --- | --- | --- | --- | --- | --- |
| 14 | 15 | 16 | 17 | 18 | 19 |
| St Valentin | St Claude | Ste Julienne | St Alexis | Ste Bernadette | St Gabin |

dimanche

20

Ste Aimée

SEMAINE 7

## Qui fait quoi ?

| | Prénom |
|---|---|
| Mettre la table | |
| Sortir les poubelles | |
| Passer l'aspirateur | |
| Faire la vaisselle | |
| ------------------------ | |
| ------------------------ | |
| ------------------------ | |
| ------------------------ | |
| ------------------------ | |

## To do list

- [ ] 
- [ ] 
- [ ] 
- [ ] 
- [ ] 
- [ ] 
- [ ] 
- [ ] 
- [ ] 
- [ ] 
- [ ] 

**FÉVRIER**

| L | M | M | J | V | S | D |
|---|---|---|---|---|---|---|
| | 1 | 2 | 3 | 4 | 5 | 6 |
| 7 | 8 | 9 | 10 | 11 | 12 | 13 |
| 14 | 15 | 16 | 17 | 18 | 19 | 20 |
| 21 | 22 | 23 | 24 | 25 | 26 | 27 |
| 28 | | | | | | |

fêtes & anniversaires

FÉV

## Sandwich bacon, laitue, tomates

**Mon marché**

- 1 baguette aux graines
- 8 tranches de bacon
- 3 tomates
- 8 belles feuilles de laitue
- 1 jaune d'œuf
- 1 c. à s. de moutarde
- 150 g d'huile neutre
- sel, poivre

### La recette :

- Dans un bol, mélangez le jaune d'œuf et la moutarde, puis montez la mayonnaise avec l'huile.
- Salez et poivrez.
- Faites griller le bacon sous le gril du four quelques instants.
- Coupez les tomates en rondelles.
- Coupez la baguette en 4 morceaux identiques, puis dans la longueur. Tartinez un côté du sandwich de mayonnaise, déposez dessus le bacon, les tomates et la laitue. Fermez les sandwichs et dégustez.

Cette semaine

| lundi | mardi | mercredi | jeudi | vendredi | samedi |
|---|---|---|---|---|---|
| 21 | 22 | 23 | 24 | 25 | 26 |
| St Pierre-Damien | Ste Isabelle | St Lazare | St Modeste | St Roméo | St Nestor |

FÉV

dimanche

27

Ste Honorine

SEMAINE 8

## Qui fait quoi ?

| | Prénom |
|---|---|
| Mettre la table | |
| Sortir les poubelles | |
| Passer l'aspirateur | |
| Faire la vaisselle | |
| | |
| | |
| | |
| | |
| | |

## To do list

- [ ]
- [ ]
- [ ]
- [ ]
- [ ]
- [ ]
- [ ]
- [ ]
- [ ]
- [ ]
- [ ]

## MARS

| L | M | M | J | V | S | D |
|---|---|---|---|---|---|---|
| | 1 | 2 | 3 | 4 | 5 | 6 |
| 7 | 8 | 9 | 10 | 11 | 12 | 13 |
| 14 | 15 | 16 | 17 | 18 | 19 | 20 |
| 21 | 22 | 23 | 24 | 25 | 26 | 27 |
| 28 | 29 | 30 | 31 | | | |

## fêtes & anniversaires

MARS

## Cette semaine

## Carrot cake

**Mon marché**

- 250 g de carottes râpées
- 200 g de farine de blé type 80
- 1 sachet de levure
- 4 œufs
- 70 g de sucre roux
- 100 g de poudre d'amandes
- 80 g de noix
- 50 cl de jus d'orange
- 1 c. à c. de muscade
- 1 c. à c. de cannelle
- huile neutre
- 150 g de mascarpone ou Philadelphia
- 4 c. à s. de sucre glace
- 25 g de beurre mou
- ½ c. à c. de cannelle

### La recette :

- Préchauffez le four à 160°C (th. 5).
- Dans un saladier, mélangez au fouet la farine, la levure, la poudre d'amandes, le sucre, une pincée de sel et les épices.
- Ajoutez les œufs un à un, le jus d'orange et enfin les carottes râpées et les noix.
- Huilez légèrement un moule à cake, farinez-le et versez-y la préparation. Enfournez pour ¾ d'heure. Plantez un couteau dans le carrot cake. S'il ne ressort pas complètement sec, coupez le gâteau dans la longueur et prolongez la cuisson de 5 min. Démoulez le gâteau.
- Mélangez le sucre avec le beurre mou, ajoutez la cannelle, puis le mascarpone. Étalez ce glaçage sur le gâteau refroidi et mettez au réfrigérateur quelques heures avant de servir.

| lundi | mardi | mercredi | jeudi | vendredi | samedi |
| --- | --- | --- | --- | --- | --- |
| 28 | 1er | 2 | 3 | 4 | 5 |
| St Romain | St Aubin | St Charles le Bon | St Guénolé | St Casimir | Ste Olive |
| |  Mardi Gras | | | | |

MARS

**dimanche**

**6**

Ste Colette

Fête des grands-mères

## Qui fait quoi ?

| | Prénom |
|---|---|
| Mettre la table | |
| Sortir les poubelles | |
| Passer l'aspirateur | |
| Faire la vaisselle | |
| | |
| | |
| | |
| | |
| | |

## To do list

- [ ]
- [ ]
- [ ]
- [ ]
- [ ]
- [ ]
- [ ]
- [ ]
- [ ]
- [ ]
- [ ]

## MARS

| L | M | M | J | V | S | D |
|---|---|---|---|---|---|---|
| | 1 | 2 | 3 | 4 | 5 | 6 |
| 7 | 8 | 9 | 10 | 11 | 12 | 13 |
| 14 | 15 | 16 | 17 | 18 | 19 | 20 |
| 21 | 22 | 23 | 24 | 25 | 26 | 27 |
| 28 | 29 | 30 | 31 | | | |

## fêtes & anniversaires



## Cette semaine

## Tartare de dorade

**Mon marché**

- 400 g de filets de dorade sans la peau
- 3 citrons verts
- 15 cl de lait de coco
- 1 tomate
- 1 concombre
- 2 petits oignons nouveaux
- 1 gousse d'ail
- ½ bouquet de coriandre
- 3 clous de girofle
- ½ c. à c. de cumin
- sel, poivre

### La recette :

- Dans un saladier, pressez le jus des citrons, ajoutez la coriandre, les oignons et l'ail haché très finement. Salez et poivrez.
- Coupez les filets de dorade en cubes et mettez-les dans le saladier. Laissez mariner 15 min.
- Lavez, épluchez et coupez la tomate et le concombre en petits dés. Ajoutez-les au poisson mariné ainsi que le lait de coco. Mélangez bien.
- Mettez au frais pendant 30 à 45 min.

| lundi | mardi | mercredi | jeudi | vendredi | samedi |
|---|---|---|---|---|---|
| 7 | 8 | 9 | 10 | 11 | 12 |
| Ste Félicité | St Jean de Dieu | Ste Françoise | St Vivien | Ste Rosine | Ste Justine |

dimanche

13

St Rodrigue

MARS

SEMAINE 10

## Qui fait quoi ?

| | Prénom |
|---|---|
| Mettre la table | |
| Sortir les poubelles | |
| Passer l'aspirateur | |
| Faire la vaisselle | |
| | |
| | |
| | |
| | |
| | |

## To do list

- [ ]
- [ ]
- [ ]
- [ ]
- [ ]
- [ ]
- [ ]
- [ ]
- [ ]
- [ ]
- [ ]

## MARS

| L | M | M | J | V | S | D |
|---|---|---|---|---|---|---|
| | 1 | 2 | 3 | 4 | 5 | 6 |
| 7 | 8 | 9 | 10 | 11 | 12 | 13 |
| 14 | 15 | 16 | 17 | 18 | 19 | 20 |
| 21 | 22 | 23 | 24 | 25 | 26 | 27 |
| 28 | 29 | 30 | 31 | | | |

## fêtes & anniversaires



## Cette semaine

## Gâteau au chocolat

**Mon marché**

- 1 tablette de 250 g de chocolat noir
- 125 g de beurre
- 90 g de sucre
- 4 œufs
- 2 c. à s. de farine

### La recette :

- Faites préchauffer le four à 180°C (th. 6).
- Faites fondre au micro-ondes très doucement le chocolat avec le beurre dont vous garderez 1 cuillerée pour après. Pratiquez 1 min par 1 min pour être sûr que le beurre ne bout pas.
- Remuez et lissez le chocolat.
- Montez les blancs en neige ferme avec une pincée de sel.
- Incorporez le mélange sucre et farine aux jaunes d'œuf. Battez avec un fouet à main pour que le mélange blanchisse. Ajoutez le chocolat quand il est tiède.
- Puis, en soulevant toujours votre cuillère en bois, incorporez les blancs en neige.
- Beurrez un moule à manqué et sucrez-le. Puis versez-y la préparation.
- Enfournez pour 20 min environ, il ne faut pas qu'il soit trop cuit.

| lundi | mardi | mercredi | jeudi | vendredi | samedi |
|---|---|---|---|---|---|
| 14 | 15 | 16 | 17 | 18 | 19 |
| Ste Mathilde | Ste Louise | Ste Bénédicte | St Patrick | St Cyrille | St Joseph |

**MARS**

**dimanche**

**20**

Printemps • St Herbert

Printemps

SEMAINE 11

## Qui fait quoi ?

| | Prénom |
|---|---|
| Mettre la table | |
| Sortir les poubelles | |
| Passer l'aspirateur | |
| Faire la vaisselle | |
| | |
| | |
| | |
| | |
| | |

## To do list

- [ ]
- [ ]
- [ ]
- [ ]
- [ ]
- [ ]
- [ ]
- [ ]
- [ ]
- [ ]
- [ ]

## MARS

| L | M | M | J | V | S | D |
|---|---|---|---|---|---|---|
| | 1 | 2 | 3 | 4 | 5 | 6 |
| 7 | 8 | 9 | 10 | 11 | 12 | 13 |
| 14 | 15 | 16 | 17 | 18 | 19 | 20 |
| 21 | 22 | 23 | 24 | 25 | 26 | 27 |
| 28 | 29 | 30 | 31 | | | |

fêtes & anniversaires

MARS

## Cette semaine

## Saumon cru au soja

**Mon marché**

- 200 g de saumon sans la peau par personne
- 1 gros citron vert
- 2 c. à s. de sauce de soja
- 1 c. à s. d'huile d'olive
- ciboulette fraîche

### La recette :

- Vérifiez que le saumon n'a pas d'arêtes, émincez-le très finement, puis mettez au réfrigérateur.
- Préparez dans un bol le jus du citron vert, la sauce de soja et l'huile d'olive.
- Dans un autre bol, ciselez la ciboulette fraîche.
- Juste au moment de servir, mettez la sauce sur le saumon ainsi que la ciboulette.
- Servez avec des pousses de soja et un riz sauvage.

| lundi | mardi | mercredi | jeudi | vendredi | samedi |
|---|---|---|---|---|---|
| 21 | 22 | 23 | 24 | 25 | 26 |
| Ste Clémence | Ste Léa | St Victorien | Ste Catherine de Suède | St Humbert | Ste Larissa |

| dimanche |
|---|
| 27 |
| St Habib |

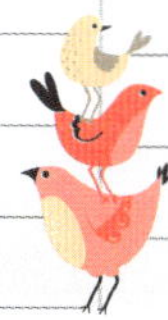

MARS

SEMAINE 12

## Qui fait quoi ?

| | Prénom |
|---|---|
| Mettre la table | |
| Sortir les poubelles | |
| Passer l'aspirateur | |
| Faire la vaisselle | |
| | |
| | |
| | |
| | |
| | |

## To do list

- [ ]
- [ ]
- [ ]
- [ ]
- [ ]
- [ ]
- [ ]
- [ ]
- [ ]
- [ ]
- [ ]

## AVRIL

| L | M | M | J | V | S | D |
|---|---|---|---|---|---|---|
| | | | | 1 | 2 | 3 |
| 4 | 5 | 6 | 7 | 8 | 9 | 10 |
| 11 | 12 | 13 | 14 | 15 | 16 | 17 |
| 18 | 19 | 20 | 21 | 22 | 23 | 24 |
| 25 | 26 | 27 | 28 | 29 | 30 | |

fêtes & anniversaires

AVR

## Cette semaine

Bientôt Pâques : acheter des œufs en chocolat.

## Yaourt glacé aux pistaches et fraises

**Mon marché**

- 250 g de yaourt grec
- 100 g de pistaches concassées
- 100 g de framboises
- 3 c. à s. de miel liquide ou sirop d'agave
- 1 sachet de sucre vanillé
- 1 pincée de sel

**La recette :**

- Mélangez le yaourt avec le miel, le sucre vanillé et le sel. Incorporez les fraises nettoyées, coupées en deux.
- Tapissez le fond et les bords d'un moule de papier sulfurisé et versez-y la préparation. Lissez.
- Saupoudrez des pistaches et mettez au congélateur au moins 5 heures.
- Sortez le moule, cassez le yaourt glacé en morceaux pour servir.

| lundi | mardi | mercredi | jeudi | vendredi | samedi |
| --- | --- | --- | --- | --- | --- |
| 28 | 29 | 30 | 31 | 1er | 2 |
| St Gontran | Ste Gladys | St Amédée | St Benjamin | St Hugues | Ste Sandrine |
| | | | | Poisson d'avril | |

| dimanche |
| --- |
| 3 |
| St Richard |

AVR

SEMAINE 13

## Qui fait quoi ?

| | Prénom |
|---|---|
| Mettre la table | |
| Sortir les poubelles | |
| Passer l'aspirateur | |
| Faire la vaisselle | |
| ------------------------- | |
| ------------------------- | |
| ------------------------- | |
| ------------------------- | |
| ------------------------- | |

## To do list

- [ ] 
- [ ] 
- [ ] 
- [ ] 
- [ ] 
- [ ] 
- [ ] 
- [ ] 
- [ ] 
- [ ] 
- [ ] 

## AVRIL

| L | M | M | J | V | S | D |
|---|---|---|---|---|---|---|
| | | | | 1 | 2 | 3 |
| 4 | 5 | 6 | 7 | 8 | 9 | 10 |
| 11 | 12 | 13 | 14 | 15 | 16 | 17 |
| 18 | 19 | 20 | 21 | 22 | 23 | 24 |
| 25 | 26 | 27 | 28 | 29 | 30 | |

## fêtes & anniversaires



## Cette semaine

## Cheese naan

**Mon marché**

- 200 g de farine
- 1 yaourt nature
- 1 pincée de sel
- ½ sachet levure chimique
- 1 c. à soupe d'huile
- 1 peu d'eau tiède
- 1 gros sachet de gruyère râpé

### La recette :

- Mélangez la farine avec le sel, la levure, l'huile et le yaourt.
- Travaillez la pâte et ajoutez un peu d'eau tiède afin d'obtenir une pâte molle.
- Laissez reposer 10 min.
- Découpez la pâte en 4 parts en les aplatissant en forme de galette.
- Parsemez généreusement de fromage râpé et redonnez un ou deux tours aux galettes en les repliant et en les passant au rouleau.
- Faites cuire les galettes dans une poêle épaisse à revêtement antiadhésif pendant 3 min de chaque côté jusqu'à ce qu'elles soient bien gonflées.
- Servez très chaud.

| lundi | mardi | mercredi | jeudi | vendredi | samedi |
|---|---|---|---|---|---|
| 4 | 5 | 6 | 7 | 8 | 9 |
| St Isidore | Ste Irène | St Marcellin | St Jean-Baptiste de La Salle | Ste Julie | St Gauthier |

dimanche

10

St Fulbert

## Qui fait quoi ?

| | Prénom |
|---|---|
| Mettre la table | |
| Sortir les poubelles | |
| Passer l'aspirateur | |
| Faire la vaisselle | |
| | |
| | |
| | |
| | |
| | |

## To do list

## AVRIL

| L | M | M | J | V | S | D |
|---|---|---|---|---|---|---|
| | | | | 1 | 2 | 3 |
| 4 | 5 | 6 | 7 | 8 | 9 | 10 |
| 11 | 12 | 13 | 14 | 15 | 16 | 17 |
| 18 | 19 | 20 | 21 | 22 | 23 | 24 |
| 25 | 26 | 27 | 28 | 29 | 30 | |

## fêtes & anniversaires

AVR

## Cette semaine

## Chaussons aux pommes, poires et épices

**Mon marché**

- 8 feuilles de brick
- 3 pommes
- 3 poires
- 12 noix
- 4 c. à s. de miel ou sirop d'agave
- 1 c. à c. de cannelle
- 1 c. à c. de quatre-épices
- ½ c. à c. de sel

### La recette :

- Faites préchauffer le four à 180°C (th. 6).
- Épluchez les pommes et les poires, évidez-le et coupez-les en tranches fines.
- Dans un saladier, déposez les fruits, arrosez de 2 cuillerées de miel, ajoutez les épices.
- Concassez les noix.
- Étalez une feuille de brick, tartinez-la d'une demi-cuillerée de miel et collez dessus une autre feuille de brick. Déposez les fruits et répartissez un quart des noix.
- Pliez les feuilles de brick en forme d'enveloppe ou en carré.
- Recommencez quatre fois l'opération.
- Déposez les chaussons sur un papier sulfurisé posé sur une grille de four. Enfournez pour 10 à 15 min, en vérifiant la couleur des chaussons.

À déguster chaud ou tiède.

| lundi | mardi | mercredi | jeudi | vendredi | samedi |
|---|---|---|---|---|---|
| 11 | 12 | 13 | 14 | 15 | 16 |
| St Stanislas | St Jules | Ste Ida | St Maxime | St Paterne | St Benoît |

dimanche

17

Pâques • St Anicet

## Qui fait quoi ?

| | Prénom |
|---|---|
| Mettre la table | |
| Sortir les poubelles | |
| Passer l'aspirateur | |
| Faire la vaisselle | |
| ------------------------ | |
| ------------------------ | |
| ------------------------ | |
| ------------------------ | |
| ------------------------ | |

## To do list

- [ ] 
- [ ] 
- [ ] 
- [ ] 
- [ ] 
- [ ] 
- [ ] 
- [ ] 
- [ ] 
- [ ] 
- [ ] 

## AVRIL

| L | M | M | J | V | S | D |
|---|---|---|---|---|---|---|
| | | | | 1 | 2 | 3 |
| 4 | 5 | 6 | 7 | 8 | 9 | 10 |
| 11 | 12 | 13 | 14 | 15 | 16 | 17 |
| 18 | 19 | 20 | 21 | 22 | 23 | 24 |
| 25 | 26 | 27 | 28 | 29 | 30 | |

## fêtes & anniversaires



## Cette semaine

## Magret de canard rôti aux épices

### Mon marché

- 400 g de magret de canard
- 2 petits citrons
- 1 c. à s. de graines de coriandre
- 1 c. à s. de graines de cumin
- ½ bouquet de thym frais (citron si possible)
- 1 c. à s. d'huile d'olive
- sel, poivre

### La recette :

- Sortez le magret du réfrigérateur.
- Râpez les zestes des 2 citrons, ajoutez les épices et les fleurs de thym. Salez. Poivrez généreusement.
- Répartissez ce mélange sur le magret que vous poserez dans un plat à four légèrement huilé.
- Laissez reposer au moins ½ heure avec un torchon sur le plat.
- Faites chauffer votre four à 200°C (th. 6-7).
- Enfournez le magret pour 20 min. Il doit être doré, mais pas sec. Vous pouvez le servir avec des patates douces.

| lundi | mardi | mercredi | jeudi | vendredi | samedi |
|---|---|---|---|---|---|
| 18 | 19 | 20 | 21 | 22 | 23 |
| Lundi de Pâques • St Parfait | Ste Emma | Ste Odette | St Anselme | St Alexandre | St Georges |

Pâques

C

dimanche

24

St Fidèle

B

AVR

SEMAINE 16

## Qui fait quoi ?

| | Prénom |
|---|---|
| Mettre la table | |
| Sortir les poubelles | |
| Passer l'aspirateur | |
| Faire la vaisselle | |
| | |
| | |
| | |
| | |
| | |

## To do list

- [ ]
- [ ]
- [ ]
- [ ]
- [ ]
- [ ]
- [ ]
- [ ]
- [ ]
- [ ]
- [ ]

## MAI

| L | M | M | J | V | S | D |
|---|---|---|---|---|---|---|
| | | | | | | 1 |
| 2 | 3 | 4 | 5 | 6 | 7 | 8 |
| 9 | 10 | 11 | 12 | 13 | 14 | 15 |
| 16 | 17 | 18 | 19 | 20 | 21 | 22 |
| 23 | 24 | 25 | 26 | 27 | 28 | 29 |
| 30 | 31 | | | | | |

## fêtes & anniversaires



## Clafoutis au cassis

**Mon marché**

- 500 g de cassis
- 4 œufs
- 120 g de farine
- 80 g de sucre
- 30 cl de lait
- 30 g de beurre
- 1 pincée de sel

### La recette :

- Préchauffez le four à 180°C (th. 6).
- Nettoyer les cassis et déposez-les dans un plat à four beurré.
- Mélangez la farine et le sucre, ajoutez le beurre et mélangez. Incorporez les œufs, puis le lait.
- Versez sur les cassis et enfournez pour ¾ d'heure. Servez tiède.

## Cette semaine

| lundi | mardi | mercredi | jeudi | vendredi | samedi |
|---|---|---|---|---|---|
| 25 | 26 | 27 | 28 | 29 | 30 |
| S^t Marc | S^te Alida | S^te Zita | S^te Valérie | S^te Catherine de Sienne | S^t Robert |

dimanche

1er

Fête du Travail • S^t Jérémy

Férié

MAI

SEMAINE 17

## Qui fait quoi ?

| | Prénom |
|---|---|
| Mettre la table | |
| Sortir les poubelles | |
| Passer l'aspirateur | |
| Faire la vaisselle | |
| | |
| | |
| | |
| | |
| | |

## To do list

- [ ]
- [ ]
- [ ]
- [ ]
- [ ]
- [ ]
- [ ]
- [ ]
- [ ]
- [ ]
- [ ]

## MAI

| L | M | M | J | V | S | D |
|---|---|---|---|---|---|---|
| | | | | | | 1 |
| 2 | 3 | 4 | 5 | 6 | 7 | 8 |
| 9 | 10 | 11 | 12 | 13 | 14 | 15 |
| 16 | 17 | 18 | 19 | 20 | 21 | 22 |
| 23 | 24 | 25 | 26 | 27 | 28 | 29 |
| 30 | 31 | | | | | |

## fêtes & anniversaires

## Cette semaine

# Frites de patates douces

**Mon marché**

- 2 belles patates douces
- ½ bouquet de thym ou de romarin
- 3 c. à s. d'huile d'olive
- sel, poivre

## La recette :

- Pelez soigneusement les patates douces, lavez-les et coupez-les en grosses frites.
- Préchauffez le four à 200°C (th. 6-7).
- Huilez avec 1 cuillerée un plat à four suffisamment grand pour que les frites ne soient pas trop entassées.
- Déposez-y les frites, salez et poivrez.
- Répartissez les 2 autres cuillerées d'huile et secouez pour répartir l'huile.
- Parsemez enfin avec le thym ou le romarin suivant votre goût et enfournez pour 15-20 min, jusqu'à ce que les frites soient cuites.

| lundi | mardi | mercredi | jeudi | vendredi | samedi |
| --- | --- | --- | --- | --- | --- |
| 2 | 3 | 4 | 5 | 6 | 7 |
| Sᵗ Boris | Sᵗ Philippe | Sᵗ Sylvain | Sᵗᵉ Judith | Sᵗᵉ Prudence | Sᵗᵉ Gisèle |

**dimanche**

**8**

Victoire 1945 • Sᵗ Désiré

Férié

MAI

SEMAINE 18

## Qui fait quoi ?

| | Prénom |
|---|---|
| Mettre la table | |
| Sortir les poubelles | |
| Passer l'aspirateur | |
| Faire la vaisselle | |
| ---------- | |
| ---------- | |
| ---------- | |
| ---------- | |
| ---------- | |

## To do list

- [ ] 
- [ ] 
- [ ] 
- [ ] 
- [ ] 
- [ ] 
- [ ] 
- [ ] 
- [ ] 
- [ ] 
- [ ] 

## MAI

| L | M | M | J | V | S | D |
|---|---|---|---|---|---|---|
| | | | | | | 1 |
| 2 | 3 | 4 | 5 | 6 | 7 | 8 |
| 9 | 10 | 11 | 12 | 13 | 14 | 15 |
| 16 | 17 | 18 | 19 | 20 | 21 | 22 |
| 23 | 24 | 25 | 26 | 27 | 28 | 29 |
| 30 | 31 | | | | | |

## fêtes & anniversaires



## Cette semaine

## Cake à l'orange

**Mon marché**

- 1 orange non traitée
- 200 g de farine
- ½ sachet de levure
- 100 g de sucre
- 100 g de beurre
- 4 œufs

### La recette :

- Faites préchauffer le four à 180°C (th. 6).
- Râper la peau de l'orange lavée dans un saladier, ajoutez les trois-quarts du jus de l'orange.
- Mélangez le sucre, la levure et la farine, puis ajoutez un à un les 4 œufs en travaillant rapidement la pâte.
- Faites fondre doucement le beurre au micro-ondes et ajoutez-le à la préparation. Finissez par le jus et le zeste de l'orange.
- Beurrez un moule à cake et déposez-y la préparation. Enfournez pour 40 min sans ouvrir le four.
- Démoulez le cake encore chaud, arrosez du jus d'orange restant et laissez refroidir.

| lundi | mardi | mercredi | jeudi | vendredi | samedi |
|---|---|---|---|---|---|
| 9 | 10 | 11 | 12 | 13 | 14 |
| St Pacôme | Ste Solange | Ste Estelle | St Achille | Ste Rolande | St Matthias |

| dimanche |
|---|
| 15 |
| Ste Denise |

MAI

SEMAINE 19

## Qui fait quoi ?

| | Prénom |
|---|---|
| Mettre la table | |
| Sortir les poubelles | |
| Passer l'aspirateur | |
| Faire la vaisselle | |
| | |
| | |
| | |
| | |
| | |

## To do list

- [ ]
- [ ]
- [ ]
- [ ]
- [ ]
- [ ]
- [ ]
- [ ]
- [ ]
- [ ]
- [ ]

## MAI

| L | M | M | J | V | S | D |
|---|---|---|---|---|---|---|
| | | | | | | 1 |
| 2 | 3 | 4 | 5 | 6 | 7 | 8 |
| 9 | 10 | 11 | 12 | 13 | 14 | 15 |
| 16 | 17 | 18 | 19 | 20 | 21 | 22 |
| 23 | 24 | 25 | 26 | 27 | 28 | 29 |
| 30 | 31 | | | | | |

## fêtes & anniversaires



## Cette semaine

## Pavés de bar aux épinards, sauce vierge

### Mon marché

- 4 pavés de bar de 180 g chacun, avec peau
- 600 g d'épinards en branches
- 1 c. à s. d'olives violettes
- 1 c. à s. de câpres
- 1 c. à c. d'ail haché
- 1 c. à c. d'échalote ciselée
- 15 cl d'huile d'olive + 2 c. à s.
- sel, poivre

### La recette :

- Faites chauffer une poêle avec un filet d'huile d'olive et faites-y saisir les pavés de bar côté peau 2 à 3 min, puis 30 s côté chair.
- Laissez terminer la cuisson hors du feu, afin d'obtenir une cuisson parfaite.
- Dans le même temps, faites fondre les épinards lavés et équeutés 5 min dans une poêle avec un peu d'huile d'olive. Salez et poivrez.
- Faites chauffer les 15 cl d'huile d'olive dans une petite casserole.
- Hors du feu, ajoutez les olives dénoyautées et concassées, les câpres, l'ail et l'échalote. Laissez infuser le temps de dresser les assiettes.
- Dans 4 assiettes chaudes, disposez au centre un lit d'épinards, puis les pavés de bar sur le dessus, aspergez de la sauce vierge aux olives et aux câpres, parsemez le tout de fleur de sel et de poivre concassés. Servez aussitôt.

| lundi | mardi | mercredi | jeudi | vendredi | samedi |
| --- | --- | --- | --- | --- | --- |
| 16 | 17 | 18 | 19 | 20 | 21 |
| St Honoré | St Pascal | St Éric | St Yves | St Bernardin | St Constantin |

| dimanche |
| --- |
| 22 |
| St Émile |

MAI

SEMAINE 20

## Qui fait quoi ?

| | Prénom |
|---|---|
| Mettre la table | |
| Sortir les poubelles | |
| Passer l'aspirateur | |
| Faire la vaisselle | |
| ---------------------- | |
| ---------------------- | |
| ---------------------- | |
| ---------------------- | |
| ---------------------- | |

## To do list

- [ ] 
- [ ] 
- [ ] 
- [ ] 
- [ ] 
- [ ] 
- [ ] 
- [ ] 
- [ ] 
- [ ] 
- [ ] 

## MAI

| L | M | M | J | V | S | D |
|---|---|---|---|---|---|---|
| | | | | | | 1 |
| 2 | 3 | 4 | 5 | 6 | 7 | 8 |
| 9 | 10 | 11 | 12 | 13 | 14 | 15 |
| 16 | 17 | 18 | 19 | 20 | 21 | 22 |
| 23 | 24 | 25 | 26 | 27 | 28 | 29 |
| 30 | 31 | | | | | |

## fêtes & anniversaires



## Cette semaine

## Fricassée de poulet

**Mon marché**

- 1 poulet coupé en 8 morceaux
- 3 citrons
- 20 cl de vin blanc sec
- 10 cl de bouillon de légumes
- 3 gousses d'ail
- quelques brins de thym frais
- 100 g de petits oignons grelots (pelés)
- 300 g de petits champignons de Paris
- 1 c.s. de cerfeuil
- 1 c.s. d'estragon
- 1 c.s. de ciboulette
- huile d'olive
- sel, poivre

### La recette :

- Citronnez le poulet puis salez-le et poivrez-le. Faites-le colorer dans une sauteuse avec un peu d'huile. Dégraissez la sauteuse. Ajoutez l'ail émincé, les oignons et mélangez 2 min.
- Déglacez avec le jus de citron, le vin blanc et laissez réduire 5 min.
- Ajoutez les champignons, le bouillon, le thym et laissez cuire 20 à 25 min sur feu doux à couvert. Ajoutez les fines herbes ciselées en fin de cuisson, mélangez et servez accompagné de riz long ou de pâtes.

| lundi | mardi | mercredi | jeudi | vendredi | samedi |
| --- | --- | --- | --- | --- | --- |
| 23 | 24 | 25 | 26 | 27 | 28 |
| St Didier | St Donatien | Ste Sophie | Ascension • St Bérenger | St Augustin | St Germain |
| | | | Férié | | |

dimanche

29

St Aymard

Fête des mères

## Qui fait quoi ?

| | Prénom |
|---|---|
| Mettre la table | |
| Sortir les poubelles | |
| Passer l'aspirateur | |
| Faire la vaisselle | |
| | |
| | |
| | |
| | |
| | |

## To do list

- [ ] 
- [ ] 
- [ ] 
- [ ] 
- [ ] 
- [ ] 
- [ ] 
- [ ] 
- [ ] 
- [ ] 
- [ ] 

**JUIN**

| L | M | M | J | V | S | D |
|---|---|---|---|---|---|---|
| | | 1 | 2 | 3 | 4 | 5 |
| 6 | 7 | 8 | 9 | 10 | 11 | 12 |
| 13 | 14 | 15 | 16 | 17 | 18 | 19 |
| 20 | 21 | 22 | 23 | 24 | 25 | 26 |
| 27 | 28 | 29 | 30 | | | |

## fêtes & anniversaires



## Crumble à la rhubarbe

**Mon marché**

- 300 g de rhubarbe
- 200 g de pommes
- 60 g de farine
- 60 g de flocons d'avoine
- 90 g de beurre mou
- 60 g de sucre roux
- 1 c. à s. de cannelle
- 1 c. à s. de poudre de noisette
- 1 sachet de sucre vanillé

### La recette :

- Faites préchauffer le four à 180°C (th. 6).
- Préparez le crumble : dans une terrine, travaillez aux doigts le beurre, la farine, les flocons d'avoine, le sucre, la cannelle et la poudre de noisette.
- Dans un plat allant au four, déposez les pommes épluchées et coupées en morceaux et la rhubarbe nettoyée et coupée en tronçons.
- Versez dessus le sachet de sucre vanillé.
- Parsemez les fruits du crumble et enfournez pour 40 min environ, il doit être bien doré.
- Servez chaud ou tiède.

## Cette semaine

| lundi | mardi | mercredi | jeudi | vendredi | samedi |
|---|---|---|---|---|---|
| 30 | 31 | 1er | 2 | 3 | 4 |
| St Ferdinand | Visitation | St Justin | Ste Blandine | St Kevin | Ste Clotilde |

dimanche

5

Pentecôte • St Igor

JUIN

SEMAINE 22

## Qui fait quoi ?

| | Prénom |
|---|---|
| Mettre la table | |
| Sortir les poubelles | |
| Passer l'aspirateur | |
| Faire la vaisselle | |
| ------------------------ | |
| ------------------------ | |
| ------------------------ | |
| ------------------------ | |
| ------------------------ | |

## To do list

- [ ]
- [ ]
- [ ]
- [ ]
- [ ]
- [ ]
- [ ]
- [ ]
- [ ]
- [ ]
- [ ]

## JUIN

| L | M | M | J | V | S | D |
|---|---|---|---|---|---|---|
| | | 1 | 2 | 3 | 4 | 5 |
| 6 | 7 | 8 | 9 | 10 | 11 | 12 |
| 13 | 14 | 15 | 16 | 17 | 18 | 19 |
| 20 | 21 | 22 | 23 | 24 | 25 | 26 |
| 27 | 28 | 29 | 30 | | | |

## fêtes & anniversaires

## Cette semaine

## Guacamole

**Mon marché**

- 2 avocats à point
- 1 citron vert
- 2 échalotes
- 6-7 brins de coriandre fraîche
- 1 pincée de piment en poudre
- sel, poivre

### La recette :

- Coupez les avocats en deux et retirez toute la chair à l'aide d'une cuillère. Pressez le citron.
- Hachez les échalotes et mettez-les dans le bol d'un mixeur. Ajoutez les morceaux d'avocat et mixez le tout en purée.
- Ajoutez peu à peu le citron, le piment et la coriandre, en goûtant au fur et à mesure, car les quantités diffèrent selon les goûts !
- Transvasez dans un bol et servez avec des chips de maïs ou du pain de campagne tranché très finement et passé au grille-pain.

| lundi | mardi | mercredi | jeudi | vendredi | samedi |
| --- | --- | --- | --- | --- | --- |
| 6 | 7 | 8 | 9 | 10 | 11 |
| Lundi de Pentecôte • St Norbert | St Gilbert | St Médard | Ste Diane | St Landry | St Barnabé |
| Férié | | | | | |

dimanche

12

St Guy

## Qui fait quoi ?

| | Prénom |
|---|---|
| Mettre la table | |
| Sortir les poubelles | |
| Passer l'aspirateur | |
| Faire la vaisselle | |
| ---------------------- | |
| ---------------------- | |
| ---------------------- | |
| ---------------------- | |
| ---------------------- | |

## To do list

- [ ] 
- [ ] 
- [ ] 
- [ ] 
- [ ] 
- [ ] 
- [ ] 
- [ ] 
- [ ] 
- [ ] 
- [ ] 

## JUIN

| L | M | M | J | V | S | D |
|---|---|---|---|---|---|---|
| | | 1 | 2 | 3 | 4 | 5 |
| 6 | 7 | 8 | 9 | 10 | 11 | 12 |
| 13 | 14 | 15 | 16 | 17 | 18 | 19 |
| 20 | 21 | 22 | 23 | 24 | 25 | 26 |
| 27 | 28 | 29 | 30 | | | |

## fêtes & anniversaires

## Cette semaine

# Papillotes de cabillaud au lait de coco

### Mon marché

- 4 filets de cabillaud (entre 150 et 200 g)
- 80 g de julienne de légumes surgelés
- 4 c. à s. d'huile d'olive
- 250 ml de lait de coco
- 1 morceau de gingembre
- ½ c. à c. de cinq-parfums
- 1 bouquet de coriandre
- sel, poivre

### La recette :

- Faites préchauffer le four à 180°C (th. 6).
- Coupez 4 grandes feuilles de papier d'aluminium.
- Salez et poivrez les deux côtés de chaque filet de cabillaud, puis posez-les au centre de chaque feuille de papier d'aluminium.
- Ajoutez 1 c. à s. d'huile d'olive.
- Saupoudrez d'une demi-cuillerée à café de cinq-parfums.
- Ajoutez 20 g des petits légumes sur le poisson.
- Râpez un peu de gingembre, ciselez la coriandre et posez-les dessus.
- Rabattez la feuille d'aluminium dans le sens de la longueur, puis entortillez l'une des extrémités pour bien fermer un côté de la papillote.
- Versez par l'autre extrémité 1/4 du lait de coco dans chaque papillote, puis fermez le dernier côté.
- Mettez les papillotes dans un plat allant au four et faites cuire 25 à 30 min.

| lundi | mardi | mercredi | jeudi | vendredi | samedi |
|---|---|---|---|---|---|
| 13 | 14 | 15 | 16 | 17 | 18 |
| St Antoine de Padoue | St Élisée | Ste Germaine | St Jean-François | St Hervé | St Léonce |

dimanche

19

St Romuald

Fête des pères

JUIN

SEMAINE 24

## Qui fait quoi ?

| | Prénom |
| --- | --- |
| Mettre la table | |
| Sortir les poubelles | |
| Passer l'aspirateur | |
| Faire la vaisselle | |
| ------------------------ | |
| ------------------------ | |
| ------------------------ | |
| ------------------------ | |
| ------------------------ | |

## To do list

- [ ] 
- [ ] 
- [ ] 
- [ ] 
- [ ] 
- [ ] 
- [ ] 
- [ ] 
- [ ] 
- [ ] 
- [ ] 

## JUIN

| L | M | M | J | V | S | D |
| --- | --- | --- | --- | --- | --- | --- |
| | | 1 | 2 | 3 | 4 | 5 |
| 6 | 7 | 8 | 9 | 10 | 11 | 12 |
| 13 | 14 | 15 | 16 | 17 | 18 | 19 |
| 20 | 21 | 22 | 23 | 24 | 25 | 26 |
| 27 | 28 | 29 | 30 | | | |

## fêtes & anniversaires

## Cette semaine

## Petits gratins de poires briochés

**Mon marché**

- 350 g de brioche pur beurre
- 5 poires
- 4 c. à s. de gelée de groseille
- 15 cl de crème fraîche
- 4 œufs
- 30 g de sucre en poudre
- 7 cl de lait
- ¾ d'1 sachet de sucre vanillé
- 20 g de beurre

**La recette :**

- Préchauffez le four à 190°C (th. 6-7).
- Pelez et épépinez les poires, coupez-les en tranches.
Battez les œufs avec la crème, 30 g de sucre, le lait et le sucre vanillé.
- Coupez la brioche en tranches fines, puis tartinez-les avec la gelée de groseille.
- Beurrez 4 petits moules. Disposez dedans les tranches de brioche en les alternant avec les tranches de poire. Versez le mélange œufs-crème par-dessus, saupoudrez du reste du sucre.
- Enfournez pendant 20 min.
Dégustez tiède ou froid.

| lundi | mardi | mercredi | jeudi | vendredi | samedi |
|---|---|---|---|---|---|
| 20 | 21 | 22 | 23 | 24 | 25 |
| St Silvère | Été • St Gonzague | St Alban | Ste Audrey | St Jean-Baptiste | St Prosper |

Fête de la musique

Été

dimanche

26

St Anthelme

JUIN

SEMAINE 25

## Qui fait quoi ?

| | Prénom |
|---|---|
| Mettre la table | |
| Sortir les poubelles | |
| Passer l'aspirateur | |
| Faire la vaisselle | |
| | |
| | |
| | |
| | |
| | |

## To do list

- [ ]
- [ ]
- [ ]
- [ ]
- [ ]
- [ ]
- [ ]
- [ ]
- [ ]
- [ ]
- [ ]

## JUILLET

| L | M | M | J | V | S | D |
|---|---|---|---|---|---|---|
| | | | | 1 | 2 | 3 |
| 4 | 5 | 6 | 7 | 8 | 9 | 10 |
| 11 | 12 | 13 | 14 | 15 | 16 | 17 |
| 18 | 19 | 20 | 21 | 22 | 23 | 24 |
| 25 | 26 | 27 | 28 | 29 | 30 | 31 |

## fêtes & anniversaires

## Endives au gratin

**Mon marché**

- 4 endives
- ½ jus de citron
- 1 brique de sauce béchamel
- 4 tranches de jambon blanc
- 50 g de gruyère râpé
- noix de muscade
- sel, poivre

### La recette :

- Préchauffez le four à 200°C (th. 6-7).
- Nettoyez les endives en enlevant les premières feuilles abîmées et le pied, lavez-les. Faites-les cuire avec le jus de citron dans une grande casserole d'eau salée pendant 30 min. Posez-les dans un égouttoir pour enlever toute l'eau de cuisson.
- Quand elles sont tièdes, enroulez chacune d'elles dans une tranche de jambon blanc et posez les rouleaux dans un plat à gratin.
- Arrosez avec la sauce béchamel, salez, poivrez et râpez de la noix de muscade dessus. Finissez par une couche de gruyère râpé, et enfournez pour ¼ d'heure.

## Cette semaine

| lundi | mardi | mercredi | jeudi | vendredi | samedi |
| --- | --- | --- | --- | --- | --- |
| 27 | 28 | 29 | 30 | 1er | 2 |
| St Fernand | St Irénée | St Pierre, St Paul | St Martial | St Thierry | St Martinien |

JUIL

| dimanche |
| --- |
| 3 |
| St Thomas |

SEMAINE 26

## Qui fait quoi ?

| | Prénom |
|---|---|
| Mettre la table | |
| Sortir les poubelles | |
| Passer l'aspirateur | |
| Faire la vaisselle | |
| ---------------------- | |
| ---------------------- | |
| ---------------------- | |
| ---------------------- | |
| ---------------------- | |

## To do list

- [ ] 
- [ ] 
- [ ] 
- [ ] 
- [ ] 
- [ ] 
- [ ] 
- [ ] 
- [ ] 
- [ ] 
- [ ] 

**JUILLET**

| L | M | M | J | V | S | D |
|---|---|---|---|---|---|---|
| | | | | 1 | 2 | 3 |
| 4 | 5 | 6 | 7 | 8 | 9 | 10 |
| 11 | 12 | 13 | 14 | 15 | 16 | 17 |
| 18 | 19 | 20 | 21 | 22 | 23 | 24 |
| 25 | 26 | 27 | 28 | 29 | 30 | 31 |

fêtes & anniversaires

## Ananas caramélisé au gingembre et à la cannelle

**Mon marché**

- 1 ananas bien mûr
- 15 g de beurre
- 2 c. à s. de sucre de canne
- 1 c. à c. de poudre de gingembre
- 2 c. à s. de cannelle en poudre
- quelques amandes effilées

**La recette :**

- Épluchez l'ananas, ôtez le cœur et coupez-le en dés.
- Faites fondre le beurre dans une poêle et faites dorer les amandes effilées.
- Ajoutez les dés d'ananas, faites-les cuire 5 min en remuant régulièrement, puis ajoutez le sucre.
- Continuez la cuisson pendant 10 min à feu moyen, en remuant régulièrement.
- Une fois les dés d'ananas caramélisés, ajoutez la cannelle et le gingembre, remuez et arrêtez la cuisson.

Cette semaine

| lundi | mardi | mercredi | jeudi | vendredi | samedi |
|---|---|---|---|---|---|
| 4 | 5 | 6 | 7 | 8 | 9 |
| St Florent | St Antoine | Ste Mariette | St Raoul | St Thibault | Ste Amandine |

Vacances d'été !

dimanche

10

St Ulrich

JUIL

SEMAINE 27

## Qui fait quoi ?

| | Prénom |
|---|---|
| Mettre la table | |
| Sortir les poubelles | |
| Passer l'aspirateur | |
| Faire la vaisselle | |
| | |
| | |
| | |
| | |
| | |

## To do list

- [ ] 
- [ ] 
- [ ] 
- [ ] 
- [ ] 
- [ ] 
- [ ] 
- [ ] 
- [ ] 
- [ ] 
- [ ] 

**JUILLET**

| L | M | M | J | V | S | D |
|---|---|---|---|---|---|---|
| | | | | 1 | 2 | 3 |
| 4 | 5 | 6 | 7 | 8 | 9 | 10 |
| 11 | 12 | 13 | 14 | 15 | 16 | 17 |
| 18 | 19 | 20 | 21 | 22 | 23 | 24 |
| 25 | 26 | 27 | 28 | 29 | 30 | 31 |

## fêtes & anniversaires

## Cette semaine

## Colombo de thon rouge

**Mon marché**

- 400 g de thon rouge
- 240 g de courgettes
- 120 g de tomates
- 5 gousses d'ail
- 1 oignon
- 1 bouquet de persil
- 1 c. à c. de graines de cumin
- 2 c. à c. de curcuma
- 3 c. à c. de curry
- ½ citron
- 2 c. à s. d'huile neutre
- sel, poivre

### La recette :

- Découpez le thon, les courgettes et les tomates en gros cubes.
- Hachez grossièrement l'ail et l'oignon, faites-les revenir dans l'huile avec les graines de cumin.
- Ajoutez les morceaux de thon, faites-les griller à feu vif en rajoutant du sel, puis les morceaux de courgettes et de tomates.
- Saupoudrez de la poudre de curry et du curcuma, laissez mijoter 15 min à feu doux.
- En fin de cuisson ajoutez le jus de citron.
- Décorez votre plat de persil ciselé et servez avec du riz basmati.

| lundi | mardi | mercredi | jeudi | vendredi | samedi |
| --- | --- | --- | --- | --- | --- |
| 11 | 12 | 13 | 14 | 15 | 16 |
| Ste Olga | St Olivier | St Henri, St Joël | Fête nationale française | St Donald | Notre-Dame du Mont Carmel |
| | | | Férié | | |

dimanche

17

Ste Charlotte

JUIL

SEMAINE 28

## Qui fait quoi ?

| | Prénom |
|---|---|
| Mettre la table | |
| Sortir les poubelles | |
| Passer l'aspirateur | |
| Faire la vaisselle | |
| | |
| | |
| | |
| | |
| | |

## To do list

- [ ]
- [ ]
- [ ]
- [ ]
- [ ]
- [ ]
- [ ]
- [ ]
- [ ]
- [ ]
- [ ]

## JUILLET

| L | M | M | J | V | S | D |
|---|---|---|---|---|---|---|
| | | | | 1 | 2 | 3 |
| 4 | 5 | 6 | 7 | 8 | 9 | 10 |
| 11 | 12 | 13 | 14 | 15 | 16 | 17 |
| 18 | 19 | 20 | 21 | 22 | 23 | 24 |
| 25 | 26 | 27 | 28 | 29 | 30 | 31 |

## fêtes & anniversaires

## Tarte aux prunes

**Mon marché**

- 1 pâte brisée toute faite
- 1 kg de prunes
- 100 g de sucre
- 2 c. à s. de farine
- 3 œufs
- 20 cl de crème fraîche
- 1 c. à s. de beurre mou pour le moule

### La recette :

- Préchauffez le four à 180°C (th. 6).
- Piquez le fond de la tarte après l'avoir mise dans un moule.
- Mettez les demi-prunes sur le fond de la tarte, côté bombé en dessous.
- Battez les œufs avec le sucre, la farine et la crème.
- Versez sur les prunes et faites cuire 25 min environ.

## Cette semaine

| lundi | mardi | mercredi | jeudi | vendredi | samedi |
|---|---|---|---|---|---|
| 18 | 19 | 20 | 21 | 22 | 23 |
| S[t] Frédéric | S[t] Arsène | S[te] Marina | S[t] Victor | S[te] Marie-Madeleine | S[te] Brigitte |

dimanche

24

S[te] Christine

JUIL

SEMAINE 29

## Qui fait quoi ?

| | Prénom |
|---|---|
| Mettre la table | |
| Sortir les poubelles | |
| Passer l'aspirateur | |
| Faire la vaisselle | |
| | |
| | |
| | |
| | |
| | |

## To do list

- [ ]
- [ ]
- [ ]
- [ ]
- [ ]
- [ ]
- [ ]
- [ ]
- [ ]
- [ ]
- [ ]

**JUILLET**

| L | M | M | J | V | S | D |
|---|---|---|---|---|---|---|
| | | | | 1 | 2 | 3 |
| 4 | 5 | 6 | 7 | 8 | 9 | 10 |
| 11 | 12 | 13 | 14 | 15 | 16 | 17 |
| 18 | 19 | 20 | 21 | 22 | 23 | 24 |
| 25 | 26 | 27 | 28 | 29 | 30 | 31 |

## fêtes & anniversaires

## Cette semaine

## Moules ostendaises

**Mon marché**

- 2 kg de moules
- 1 carotte
- 1 poireau
- 1 oignon
- 1 gousse d'ail
- 2 clous de girofle
- 30 g de beurre
- 1 cube de bouillon de légumes
- 2 c. à s. de persil haché
- 5 c. à s. de sauge
- 2 c. à s. de thym en poudre
- sel, poivre

### La recette :

- Faites chauffer de l'eau dans une bouilloire pour préparer le bouillon de légumes.
- Dans un faitout, mettez du beurre et, lorsqu'il frémit, faites revenir l'oignon émincé, la gousse d'ail écrasée, le poireau et la carotte en lamelles. Tournez et laissez dorer 5 min.
- Mouillez avec 3 verres de bouillon de légumes. Ajoutez la sauge, le persil, le thym, les clous de girofle. Salez et poivrez. Laissez bouillir à feu doux 10 min.
- Éteignez le feu et laissez infuser 5 min afin que la sauge exprime tout son goût.
- Remettez sur le feu et portez à ébullition. Plongez les moules préalablement nettoyées en les tournant vigoureusement jusqu'à ce qu'elles soient toutes bien ouvertes, et servez aussitôt.

| lundi | mardi | mercredi | jeudi | vendredi | samedi |
|---|---|---|---|---|---|
| 25 | 26 | 27 | 28 | 29 | 30 |
| St Jacques | Ste Anne, St Joachim | Ste Nathalie | St Samson | Ste Marthe | Ste Juliette |

dimanche

31

St Ignace de Loyola

JUIL

SEMAINE 30

## Qui fait quoi ?

| | Prénom |
|---|---|
| Mettre la table | |
| Sortir les poubelles | |
| Passer l'aspirateur | |
| Faire la vaisselle | |
| | |
| | |
| | |
| | |
| | |

## To do list

## AOÛT

| L | M | M | J | V | S | D |
|---|---|---|---|---|---|---|
| 1 | 2 | 3 | 4 | 5 | 6 | 7 |
| 8 | 9 | 10 | 11 | 12 | 13 | 14 |
| 15 | 16 | 17 | 18 | 19 | 20 | 21 |
| 22 | 23 | 24 | 25 | 26 | 27 | 28 |
| 29 | 30 | 31 | | | | |

fêtes & anniversaires

## Crème brûlée

**Mon marché**

- 3 jaunes d'œuf
- 15 cl de lait
- 15 cl de crème liquide
- 40 g de sucre
- 20 g de cassonade

### La recette :

- Préchauffez le four à 100°C (th. 3-4).
- Dans un saladier, fouettez les œufs avec le sucre jusqu'à ce qu'ils blanchissent. Ajoutez la crème, puis le lait tiède dessus.
- Beurrez 4 ramequins et versez-y la préparation.
- Enfournez pour 40 min environ. Sortez du four et laissez refroidir.
- Sous le gril du four, passez rapidement les ramequins saupoudrés de cassonade.

Cette semaine

| lundi | mardi | mercredi | jeudi | vendredi | samedi |
|---|---|---|---|---|---|
| 1er | 2 | 3 | 4 | 5 | 6 |
| St Alphonse | St Julien | Ste Lydie | St Jean-Marie Vianney | St Abel | St Octavien |

| dimanche |
|---|
| 7 |
| St Gaétan |

| lundi | mardi | mercredi | jeudi | vendredi | samedi |
|---|---|---|---|---|---|
| 8 | 9 | 10 | 11 | 12 | 13 |
| St Dominique | St Amour | St Laurent | Ste Claire | Ste Clarisse | St Hippolyte |

| dimanche |
|---|
| 14 |
| St Évrard |

| lundi | mardi | mercredi | jeudi | vendredi | samedi |
|---|---|---|---|---|---|
| 15 | 16 | 17 | 18 | 19 | 20 |
| Assomption • Ste Marie | St Armel | Ste Jeanne | Ste Hélène | St Jean Eudes | St Bernard |
| Férié | | | | | |

dimanche

21

St Christophe

AOÛT

SEMAINE 33

| lundi | mardi | mercredi | jeudi | vendredi | samedi |
|---|---|---|---|---|---|
| 22 | 23 | 24 | 25 | 26 | 27 |
| St Fabrice | Ste Rose | St Barthélemy | St Louis | Ste Natacha | Ste Monique |

dimanche

28

St Augustin

| lundi | mardi | mercredi | jeudi | vendredi | samedi |
| --- | --- | --- | --- | --- | --- |
| 29 | 30 | 31 | 1er | 2 | 3 |
| Ste Sabine | St Fiacre | St Aristide | St Gilles | Ste Ingrid | St Grégoire |

C'est la rentrée !

| dimanche |
| --- |
| 4 |
| Ste Rosalie |

SEPT

| lundi | mardi | mercredi | jeudi | vendredi | samedi |
|---|---|---|---|---|---|
| 5 | 6 | 7 | 8 | 9 | 10 |
| Ste Raïssa | St Bertrand | Ste Reine | St Adrien | St Alain | Ste Inès |

dimanche

11

St Adelphe

| lundi | mardi | mercredi | jeudi | vendredi | samedi |
|---|---|---|---|---|---|
| 12 | 13 | 14 | 15 | 16 | 17 |
| St Apollinaire | St Aimé | Croix Glorieuse | St Roland | Ste Édith | St Renaud |

dimanche

18

Ste Nadège

SEMAINE 38

| lundi | mardi | mercredi | jeudi | vendredi | samedi |
| --- | --- | --- | --- | --- | --- |
| 19 | 20 | 21 | 22 | 23 | 24 |
| Ste Émilie | St Jean-Charles | St Matthieu | Automne • St Maurice | St Constant | St Anatole |
| | | | Automne | | |

dimanche

25

St Hermann

| lundi | mardi | mercredi | jeudi | vendredi | samedi |
| --- | --- | --- | --- | --- | --- |
| 26 | 27 | 28 | 29 | 30 | 1er |
| St Côme, St Damien | St Vincent de Paul | St Venceslas | St Michel | St Jérôme | Ste Thérèse de l'Enfant Jésus |

dimanche

2

St Léger

Fête des grands-pères

OCT

SEMAINE 39

| lundi | mardi | mercredi | jeudi | vendredi | samedi |
|---|---|---|---|---|---|
| 3 | 4 | 5 | 6 | 7 | 8 |
| St Gérard | St François d'Assise | Ste Fleur | St Bruno | St Serge | Ste Pélagie |

dimanche

9

St Denis

OCT

| lundi | mardi | mercredi | jeudi | vendredi | samedi |
|---|---|---|---|---|---|
| 10 | 11 | 12 | 13 | 14 | 15 |
| St Hugo | St Firmin | St Wilfried | St Géraud | Ste Céleste | Ste Thérèse d'Avila |

dimanche

16

Ste Edwige

| lundi | mardi | mercredi | jeudi | vendredi | samedi |
|---|---|---|---|---|---|
| 17 | 18 | 19 | 20 | 21 | 22 |
| St Baudouin | St Luc | St René | Ste Adeline | Ste Céline | Ste Élodie |

dimanche

23

St Jean de Capistran

| lundi | mardi | mercredi | jeudi | vendredi | samedi |
| --- | --- | --- | --- | --- | --- |
| 24 | 25 | 26 | 27 | 28 | 29 |
| St Florentin | St Crépin | St Dimitri | Ste Émeline | St Jude, St Simon | St Narcisse |

dimanche

30

Ste Bienvenue

OCT

SEMAINE 43

| lundi | mardi | mercredi | jeudi | vendredi | samedi |
| --- | --- | --- | --- | --- | --- |
| 31 | 1er | 2 | 3 | 4 | 5 |
| St Quentin | Toussaint | Défunts | St Hubert | St Charles | Ste Sylvie |
| Halloween | Férié | | | | |

dimanche

6

St Léonard

| lundi | mardi | mercredi | jeudi | vendredi | samedi |
|---|---|---|---|---|---|
| 7 | 8 | 9 | 10 | 11 | 12 |
| Ste Karine | St Geoffroy | St Théodore | St Léon | Armistice 1918 • St Martin | St Christian |
| | | | | Férié | |

| dimanche |
|---|
| 13 |
| St Brice |

SEMAINE 46

| lundi | mardi | mercredi | jeudi | vendredi | samedi |
|---|---|---|---|---|---|
| 14 | 15 | 16 | 17 | 18 | 19 |
| St Sidoine | St Albert | Ste Marguerite | Ste Élisabeth | Ste Aude | St Tanguy |
| | | | | | dimanche |
| | | | | | 20 |
| | | | | | St Edmond |

NOV

| lundi | mardi | mercredi | jeudi | vendredi | samedi | dimanche |
|---|---|---|---|---|---|---|
| 21 | 22 | 23 | 24 | 25 | 26 | 27 |
| Présentation de la Vierge Marie | Ste Cécile | St Clément | Ste Flora | Ste Catherine | Ste Delphine | St Virgile |

| lundi | mardi | mercredi | jeudi | vendredi | samedi |
|---|---|---|---|---|---|
| 28 | 29 | 30 | 1er | 2 | 3 |
| St Jacques de la Marche | St Saturnin | St André | Ste Florence | Ste Viviane | St François-Xavier |

dimanche

4

Ste Barbara

| lundi | mardi | mercredi | jeudi | vendredi | samedi |
|---|---|---|---|---|---|
| 5 | 6 | 7 | 8 | 9 | 10 |
| S^t^ Gérald | S^t^ Nicolas | S^t^ Ambroise | Immaculée Conception | S^t^ Pierre Fourier | S^te^ Eulalie |
| | Saint Nicolas | | | | |

dimanche

11

S^t^ Arthur

SEMAINE 49

DÉC

SEMAINE 50

| lundi | mardi | mercredi | jeudi | vendredi | samedi |
|---|---|---|---|---|---|
| 12 | 13 | 14 | 15 | 16 | 17 |
| S$^{t}$ Corentin | S$^{te}$ Lucie | S$^{te}$ Odile | S$^{te}$ Ninon | S$^{te}$ Alice | S$^{t}$ Gaël |

dimanche

18

S$^{t}$ Gatien

| lundi | mardi | mercredi | jeudi | vendredi | samedi |
|---|---|---|---|---|---|
| 19 | 20 | 21 | 22 | 23 | 24 |
| St Urbain | St Théophile | Hiver • St Pierre Canisius | Ste Françoise-Xavière | St Armand | Ste Adèle |
| | | Hiver | | | |

dimanche

25

Noël

Férié

SEMAINE 51

DÉC

SEMAINE 52

JANV

| lundi | mardi | mercredi | jeudi | vendredi | samedi |
|---|---|---|---|---|---|
| 26 | 27 | 28 | 29 | 30 | 31 |
| S$^{t}$ Étienne | S$^{t}$ Jean | S$^{ts}$ Innocents | S$^{t}$ David | S$^{t}$ Roger | S$^{t}$ Sylvestre |
| | | | | | Réveillon du Nouvel An |

**dimanche**

1

Jour de l'an

Férié

Important !

Penser à reporter toutes les informations sur le nouvel agenda.

IMPORTANT | ANNIVERSAIRE | SANTÉ | ATTENTION ! | SORTIES CULTURELLES | SORTIES CULTURELLES | ACTIVITÉS EXTÉRIEURES | ACTIVITÉS EXTÉRIEURES | ACTIVITÉS EXTÉRIEURES | ACTIVITÉS EXTÉRIEURES | ACTIVITÉS EXTÉRIEURES | ACTIVITÉS EXTÉRIEURES | ACTIVITÉS EXTÉRIEURES | ACTIVITÉS EXTÉRIEURES | ACTIVITÉS EXTÉRIEURES | ACTIVITÉS À LA MAISON | ACTIVITÉS À LA MAISON | VACANCES